伟人成功故事

世界
大探险家
成功故事

张　哲◎编著

中国出版集团　现代出版社

图书在版编目（CIP）数据

世界大探险家成功故事 / 张哲编著. —北京：现代出版社，2012.12

（伟人成功故事）

ISBN 978-7-5143-0889-1

Ⅰ. ①世… Ⅱ. ①张… Ⅲ. ①探险—名人—生平事迹—世界—通俗读物 Ⅳ. ①K811-49

中国版本图书馆 CIP 数据核字（2012）第 275352 号

作　　者	张　哲
责任编辑	袁　涛
出版发行	现代出版社
地　　址	北京市安定门外安华里 504 号
邮政编码	100011
电　　话	(010) 64267325
传　　真	(010) 64245264
电子邮箱	xiandai@cnpitc.com.cn
网　　址	www.modernpress.com.cn
印　　刷	汇昌印刷（天津）有限公司
开　　本	700×1000　1/16
印　　张	10
版　　次	2013 年 1 月第 1 版　2021 年 3 月第 3 次印刷
书　　号	ISBN 978-7-5143-0889-1
定　　价	29.80 元

前言

FOREWORD

人类的好奇心就像我们未知的世界一样永无止境。在人类未知的大地上总会有探险家踩下第一个足印。探索未知的火焰燃烧在一代接一代的探险家心里，也燃烧在我们每一个人心里。这追寻未知的火焰点燃了探险家的梦想，带他们进入密林、沙漠、冰川甚至太空。但探险的目的不一定都是纯洁和友好的，探险家所带来的有战争也有和平，有慷慨也有贪婪，有友爱也有掠夺，但更多的是世界的沟通。

本书选择了 8 个最有代表性的探险家，有意大利旅行家马可·波罗带你重回中国香都，再与郑和一起下西洋，然后跟随哥伦布一起发现新大陆，跟着库克船长去看看美丽的夏威夷，和阿姆斯特朗在月球漫步……在尊重历史真实性的基础上，本书向读者立体地凸现人物的生平和杰出的事迹，达到了史实叙述准确，融知识性与可读性于一体，揭示人物的精神经历和心灵升华，给读者以深刻的启迪和感悟。

本书除了公正地评价他们的人格和贡献外，还配以大量珍贵的历史图片，希望能使读者清晰地看到世界发展的轨迹，感受到每一个伟大时代的精神，牢记历史带给我们的经验和教训。让我们在对已经逝去的人们的凭吊中，期盼着更为光辉的人物出现。

目录

CONTENTS

马可·波罗

马可·波罗（Marco Polo，1254—1324），是世界著名的探险家。1254年出生于意大利威尼斯一个商人家庭。17岁时跟随父亲和叔叔，历时4年之多，途经中东来到中国，在中国游历探索了17年之久。回国之后，马可·波罗将他在中国的探索历程讲给一位狱友——比萨作家听，由这位狱友将此笔录整理成书——《寰宇记》，后被称作《马可·波罗游记》。

大汗的使命

13世纪，对于刚刚摆脱了黑暗时代隔绝状态的欧洲大陆来说是个激动人心的年代。当时，欧洲商业进入大发展时期，各地资本主义生产关系开始出现萌芽，旧的封建主逐渐为城镇中新兴的中产所级——商人集团所代替。而13世纪的中国，正悄悄兴起一个强大的蒙古族部落，它以游牧民族特有的剽悍与速度，从东向西横扫欧亚大陆。其勇猛、近乎无敌的战斗力，让西方人既恐惧又羡慕。随着蒙古西征的成功，东西方之间的陆路交通得到恢复和畅通，强大富庶而又充满神秘色彩的中国强烈吸引着西方各国使者、探险家以及商人们纷至沓来。当时，位于意大利东北部的小城威尼斯由于地理位置独特，独占天时地利，商业在这个城邦里兴盛一时。财富的大量积累，使威尼斯的

贵族能够过着穷奢极欲的生活，即使一般的市民，也较其他地区的人民富裕。1254年，在这个繁荣的城市里有一个婴儿呱呱落地了，他就是马可·波罗。

对于波罗家族的早期生活，我们知道的并不是很多。但从史料记载中我们可以得知马可·波罗的父亲尼古拉·波罗和叔叔马塞·波罗都是威尼斯比较有名的商人，兄弟俩经常在国外做生意。他们的生意做得很大，走得很远，资金也十分雄厚。他们到遥远的东方去采购丝绸、珠宝、瓷器、首饰以及药材，然后运到欧洲。售出之后，再把欧洲的手工业品输往东方。

1260年，在马可·波罗6岁的时候，父亲和叔叔从君士坦丁堡出发，沿着丝绸之路来到钦察汗国做

布哈拉是位于乌兹别克斯坦西南部的一座城市，也是该国第五大城市和布哈拉州的首府。

马可·波罗的父亲和叔叔觐见元世祖忽必烈。

生意。后来，那儿发生了战争，他们又到了中亚细亚的一座叫布哈拉的城市，在那儿住了下来。

一次，忽必烈的使者经过布哈拉，见到这两个欧洲商人，感到十分新奇。他们想大汗还没有见过欧洲人，如果能带他们一起去见大汗，大汗一定会很高兴。于是他们约波罗兄弟一起前往上都(今内蒙古自治区多伦县西北)，并向他们保证在宫廷里将会受到欢迎，而且那里比现在他们所住的地方要安全很多。

尼古拉兄弟本来就是喜欢到处游历的人，听说能见到中国的大汗，怎能不愿意？于是两人就跟随使者一起到了上都。忽必烈听到来了两个欧洲客人，果然十分高兴。他在行宫里接见了波罗兄弟，并且从他们口中打听到很多关于欧洲的情况，而且对他们所描述的基督教产生了前所未有的兴趣。于是他任命波罗兄弟为访问教皇的使节，并要求他们带一封信给当时的罗马教皇，请求他选派100个精通基督教教义，并且熟谙修辞、逻辑、文法、数学、几何、天文、音乐等知识的贤者来中国传教，另外他要求波罗兄弟在返回元朝时，带一点耶路撒冷墓前的圣油回来。

忽必烈(1215—1294)，元朝创始皇帝，成吉思汗之孙。庙号世祖，谥号圣德神功文武皇帝。

波罗兄弟接受了这个神圣的使命，他们告别忽必烈，离开了中国。大汗考虑到兄弟俩路途上的安全，还特意赐给了他们一块金牌，这块金牌不但可以保证兄弟俩在中国境内的安全，还可以让臣下给他们提供沿途所需

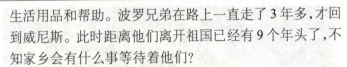

生活用品和帮助。波罗兄弟在路上一直走了3年多，才回到威尼斯。此时距离他们离开祖国已经有9个年头了，不知家乡会有什么事等待着他们？

在返回祖国时，对尼古拉·波罗来说真是亦悲亦喜。悲的是他的妻子已经不幸去世，喜的是他们的儿子马可已经是一个又高又壮的15岁少年了。

父亲归来

1269年4月的一天，当邻居们纷纷传言马可·波罗的父亲尼古拉·波罗和叔叔马塞·波罗从远东回来时，马可将信将疑。直到父亲和叔叔风尘仆仆地跨进了家门，马可才相信他们真的回来了！自从母亲去世后，马可一直靠亲戚抚养，过着寄人篱下的生活，他本以为自己再也见不到父亲和叔叔了，但他们竟奇迹般地回来了，这一切来得是那么突然。

⬆ 丝绸织品技术曾被中国垄断数百年，由于其在当时是一种复杂的工艺，又因其特有的手感和光泽，备受人们的关注。

房屋的墙角处堆满了父亲和叔叔从中国带回来的箱包，父亲开启了一个箱包，里面堆满了一匹匹色彩艳丽、做工精良的丝绸，叔叔又从一个口袋里倒出一桌子的钻石、水晶、玛瑙和宝石……一时间，这些珍宝照亮了整个房间，当父亲说这些罕见的珍宝是从那个神秘而又古老的国度带回来的时候，所有人都惊呆了，如同这些耀眼的光芒一样，那个神秘的未知世界也悄悄向人们打开。在盛大的家庭欢迎宴会上，大家沉浸在团聚的幸福时光中。父亲和叔叔为人们讲述了那一段神秘的中国之旅。那些场景深深吸引了马可，就在那一天，马可的世界变得很大很大……

等　待

　　尼古拉·波罗和马塞·波罗是带着忽必烈的使命回到威尼斯的。他们回到威尼斯的第一件事就是拜见罗马教皇，但不幸的是当他们返回祖国时，教皇格勒门四世已经去世，而新教皇尚未选出，现在他们能做的只有等待。而马可，除了每日焦急地张望外，也在悄悄制订自己的旅行计划，因为父亲和叔叔已经答应一起带他前往东方了。但孰知这一等就是两年，教皇的人选迟迟无法定下来，这对于等待中的马可来说，简直是一种煎熬。最后，父亲和叔叔终于决定不再等下去了，因为忽必烈大汗赋予的使命尚未完成，他们始终有一种亏欠感。另外，东方国度的巨大商机也在无数次催促他们早点起程。

　　主意打定，父亲和叔叔便开始商量出行的确切时间，另外还要购置一些货物，还要租船、征召人手等等。终于在 1271 年 11 月，船驶离了威尼斯水域，那天虽然不冷，却阴雨连绵，使人心烦意乱。马可·波罗的心情更是难以平静。美丽的东方，神奇的中国，憧憬与幻想时刻冲撞着他的心扉，他盼望着到达的那一天。

　　当船驶到阿克城的时候，父亲和叔叔立刻去拜访了教皇代表特巴尔多·威斯康德，同时把忽必烈大汗写给罗马教皇的信交给了代表大人，并且恳请代表大人恩准他们去耶路撒冷带回一点基督墓前万年不灭的长明灯的灯油献给忽必烈大汗。当时的代表大人非常赞赏他们的举动，并派十字军骑士护送他们出城。

🔶马可·波罗的商队离开威尼斯。

然而，他们没走多远，就被罗马的信使追上了，他带来一个好消息，教皇代表特巴尔多·威斯康德已成为新教皇，正式即位成为格里戈里十世，新教皇命令他们立刻动身回去复命。于是马可一家在皇宫里被教皇格里戈里十世召见。他交给马可的父亲一封写给忽必烈的信，并准备了几份特别的礼物要求转送给忽必烈。同时，他找到了两名修道士，维琴察的尼古拉斯和的黎波里的威廉来代替短时间无法凑齐的 100 位贤者。马可第一次见到这两个传教士就对他们没有太好的印象，他们不可一世的神情和高昂的头，让马可从心底感到厌恶。但他们是教皇派来的，波罗一家丝毫没有反对的权利。不过教皇又任命波罗一家为教皇的使节前去访问忽必烈，这样的荣誉对于平凡人物来说，简直是至高无上的。也就是从那时起，马可真正意义上的伟大冒险开始了！

⬆ 马可·波罗的故乡威尼斯，由 118 个小岛组成，并以 180 条水道、378 座桥梁联成一体，以舟相通，有"水上都市"之称。

艰难的旅程

　　马可一行计划从威尼斯进入地中海，然后横渡黑海，经过两河流域来到中东古城巴格达，再从这里到波斯湾的出海口霍尔木兹就可以乘船直驶中国了。然而旅途并不顺利，一开始，他们就碰到了海盗，海盗抢走了他们随身所带的财物，但却没能阻止他们继续前行的脚步。然而教皇派来的两个传教士却趁机逃走了，也许旅途的艰难和危险让他们中途退缩了。

　　马可一家从阿卡穿过土耳其来到亚美尼亚，又沿着底格里斯河穿过巴格达，最终来到大波斯湾古老的霍尔木兹港。在霍尔木兹，他们原打算找一只去中国的海船。可足足等了两个多月，也没找到。最后，他们决定从陆路——丝绸之路走完自己的行程。

他们计划向北、向东行进,穿过叙利亚和伊拉克,再跨越伊朗高原,走过中亚沙漠,进入帕米尔高原,再从天山南麓或昆仑山北麓,出河西走廊进入中国长安。这是一条充满艰难险阻的路,是让最有雄心的旅行家也望而却步的路。波罗一家没有退缩,他们越过荒凉恐怖的伊朗沙漠,跨过险峻寒冷的帕米尔高原,一路上跋山涉水,克服了疾病、饥渴的困扰,躲开了强盗、猛兽的侵袭,终于来到了中国新疆。

一到这里,马可·波罗的眼睛便被吸引住了。美丽繁华的喀什、盛产美玉的和田,还有处处花香扑鼻的果园。这一切都让马可迷醉。然而后面的行程更加艰难。他们必须穿越戈壁沙漠(又称罗布泊沙漠)的南部,这是一段令人生畏的路程,虽然走完一天的路总能遇到井,但却没有食物,所以旅行者必须带着大量的粮食。然而饥饿还不是让他们最担心的事,他们更害怕那些据说经常出没于沙漠,将不谨慎的旅行者引诱致死的鬼魂。

在马可的游记里,马可解释说:"当一个人夜间骑马穿行于沙漠时,由于睡着了或者由于别的原因,他掉了队并与伙伴们失去联络,他想找到他们,这时就会听到鬼魂像他的伙伴那样在说话,或者叫着他的名字,或者跟他打招

🔥马可·波罗旅游

呼。这些叫声经常使他偏离正路，而迷失在沙漠中就意味着毫无生还的希望。由于这个原因，一队队旅行者之间特别注意保持很近的距离，避免失散。在入睡前，他们要做一个标记，用以指示他们旅行的方向，而且把他们所有牲畜的脖子上都系上小铃铛，这样听着铃声就可能避免偏离正路。"

↑马可·波罗的驼队

波罗一家在沙漠中大约行进了1个月，并没有碰到什么恶毒的幽灵或者魔鬼。他们经玉门关见到了万里长城，最后穿过河西走廊，终于到达了上都——元朝的北部都城。这时已是1275年的夏天，距他们离开祖国已经过了4年了。

在中国

我们无法得知波罗一家在见到上都时是一种什么样的心情，但我们可以肯定的是上都的繁华对波罗一家而言已不再是充满诗意的幻想，而是辛苦路程的终结，同时也是对一个诺言的实现。

再次见到波罗兄弟，大汗很高兴。的确，他是如此热切地渴望他们的归来，以至于当他得知两人正向宫廷接近时，派出了数名仆从和骑兵，从上都出发骑马40天向前迎接。这种迎接不仅使旅行者们免受强盗的骚扰，也使行程最后阶段所需的供给得到了满足。"靠这些和上帝的保佑，我们被安全地送到了宫廷。"马可后来说道。

尼古拉兄弟带着马可·波罗进宫拜见了忽必烈。忽必烈看到尼古拉身边多了一个少年，诧异地问这是谁，尼古拉回答说："这是我的孩子，也是陛下的仆人。"忽必烈见到马可·波罗英俊的样子，连声说："你来得太好了。"

这些简洁、礼貌的语言开启了忽必烈与马可·波罗之间持久而感情深厚的友谊，这时忽必烈满60岁，而马可比他年轻40岁还多。一个蒙古帝王和一个意大利商人的儿子无论是在宗教、所受的教育，还是个人的经历方面几乎

《马可·波罗游记》1400年法文手抄本插图,描绘了波罗家族三人向忽必烈呈交教皇书信和耶稣圣墓中的灯油的情景。

没有什么共同点,但他们却能认可和尊重对方所具有的品质。马可·波罗认为忽必烈是一个勇敢、公正和智慧的统治者。而忽必烈很快就发现马可既富有好奇心又聪慧,因为这个年轻人在来上都的路上已经学会了波斯语和蒙古语至少两种语言,能生动地描述路上的所见所闻。忽必烈将马可编入他的骑兵中,并分配给他一系列重要的出使任务,这使马可得以前往并深入很多偏远的地区。

这些很难得的机会使年轻的马可·波罗有了更为广泛的探索经历。每次从大汗所派往的地区回来之后,马可总能搜集很多当地的风俗和他所认为的奇闻讲给大汗听,大汗对此特别欣赏,正如《马可·波罗游记》中的前言所阐述的:

"当大汗派往世界各地的使者回来时,他们会呈上一份关于他们所负使命的报告,但他们往往拿不出有关这些国家其他方面情况的报告。这时他们的主人便称他们是傻瓜和笨蛋。大汗声称,他宁愿听听这些国家的情况,了解他们的习俗和物产,也不想听他们完成使命的情景。马可不止一次看到和听到这类情景。因此,马可在履行使命的过程中,非常注意沿途各地的新鲜事和奇特之处。这样他才能把这些讲给大汗听。一回到宫廷,他就去拜见大汗,交上一份关于他所负使命的详细说明,然后开始讲沿途他

元世祖接见马可·波罗。

所看到的奇闻逸事。他讲的如此全面、如此生动，以致大汗和所有听他讲故事的人都惊奇万分，互相议论说：'这个年轻人成年后肯定会成为一个具有正确判断力和十分有价值的人。'"

从那时起，马可获得了忽必烈的宠爱，大汗喜欢马可那妙趣横生的汇报，常会将那些较远而且有趣的出使任务委任给他。正是这样，马可·波罗才得到了比其他任何人都更多地了解各个地方的机会。

马可·波罗在中国的这段时间，访问过许多城市和地区，也到过中国的很多地方任职。但具体地方在哪都没有确切的记载，因为在他的游记中，这些地名不知道是何种原因都被删掉了。不过，我们可以在他的记述中看到他对中国的很多地方都是很熟悉的，尤其是对中国西部记载得比较详细，甚至还有几个详细的地名，包括今天的山西省、陕西省和四川省，甚至还提到过西藏。他在游记中将西藏描述为"建在岩石顶上或山巅上的城堡与坚固的城镇"（一些建筑可能是佛教寺院，因为寺院在西藏的数量极大）。他讲述了西藏人用竹子在火中炸开的巨大声响来吓跑老虎和其他野兽；他还讲到一种体大、背驼、长满长毛的牲畜，当地居民用它来负重，这种牲畜就是产自喜马拉雅山的牦

布达拉宫坐落在西藏首府拉萨市区西北的玛布日山(红山)上，它最初是松赞干布为迎娶文成公主而兴建的。

牛。他还讲到了西藏人喜欢用珊瑚做装饰，喜欢穿毛皮做成的服装，迷恋魔法和妖术，还提到了他们大而凶猛的狗（今天西藏的藏獒）。在随后的几个世纪里，马可对地球上这一遥远地区的描述为西方人所普遍接受，原因在于马可有着独特的描述才能。而对于中国城市的描述，马可·波罗认为海港城市杭州毫无疑问是世界上最完美、最辉煌的城市。

除了在中国的旅行，他的旅行似乎也到过缅甸北部，当时他称这里是缅城，还到过柬埔寨和越南南部，而且至少还到过一次印度。另外，在忽必烈统治时期，周边许多国家的统治者都向大汗进贡并承认大汗独一无二的统治地位，当时只有日本能够抗拒忽必烈的威力，由于日本的独特地理位置，大汗在几次的征服中由于地理原因而失利。但是马可能够回忆起，当时蒙古战士和使者绘制了一张相当详细的日本地图，这些在马可的记述中都有记载，而在马可的书出版之前，西方对日本是一无所知的。

🔲 日本富士山

马可与泉州

马可·波罗在他的《马可·波罗游记》中对泉州赞赏备至，他说："(离开福州)到第5天傍晚，抵达宏伟秀丽的刺桐城。在它沿岸有一个港口，以船舶往来如梭而出名。"又说："刺桐是世界上最大的港口之一，大批商人云集这里，货物堆积如山，的确难以想象。每一个商人，必须付出自己投资总额10%的税收，所以，大汗从这里获得巨额的收入。"

元代泉州处在海外贸易和社会经济发展的鼎盛时期，在《游记》中得到了真实的反映。《游记》说："大批外国商品运到这里，再运到全国各地销售。运到那里的胡椒，数量非常可观。但运到亚历山大港供应西方世界各地需要的胡椒，就相形见绌，恐怕不过它的1%吧。"还说，这个地区"一切生活必需品非常丰富",德化瓷器物美价廉,一个威尼斯银币能买到8个瓷杯。据说马可·波罗回国时,带回德化窑白瓷和色釉小碗多件,至今意大利博物馆还保留着一件马可·波罗当年带回的春岭窑的小花插。

泉州是宋元时期重要的造船基地之一,所造海船,无论从坚固性、稳定性、适航性,特别是水密隔舱的安全设施等,在当时都处于先进水平。《马可·波罗游记》说:"大汗又下令准备了十四艘船,每船有四桅杆,能扬九帆。""其中至少有四五艘船可容纳船员二百五十或二百六十人。"这些是泉州海船的重要特点。

🔺元代最大的港口城市——泉州。

《马可·波罗游记》对泉州人信奉佛教作了介绍。泉州佛教兴盛,自唐朝以来就有"泉南佛国"之誉。马可·波罗说"这里的人民是偶像崇拜者",偶像崇拜者就是佛教信徒。

中国在唐朝首先生产冰糖,埃及生产的冰糖与中国有关。《马可·波罗游记》载:"武干市(今永春,一说尤溪)这个地方以大规模的制糖业著名,出产的糖运到汗八里,供给宫廷使用。在它纳入大汗版图之前,本地人不懂得制造高质量糖的工艺。制糖方法很粗糙,冷却后的糖,呈暗灰色的糊状。等到这个城市归入大汗的管辖时,刚好有些巴比伦人来到帝廷,他们精通糖的加工方法。因此被派到这个城市,向当地人传授某种木灰制食糖的方法。"这表明埃及人对中国制糖技术的提高作出了贡献。他们可能在泉州学得制造冰糖的方法,并回传埃及。

🔺马可波罗泉州

马可·波罗对泉州人是这样评价的:"民性和平,喜爱舒适安逸,爱好自由。"这个评价是中肯的。他还说:"该城的文身技师以艺精出众而驰名中外,有许多印度人到这里来文身。"马可·波罗对泉州的描述透露出了他对中国的喜爱,但是离家的游子总要回家的。

回 家

待在中国的波罗一家是幸运的,至少,马可看来很喜欢这段时间的生活,但随着时间的流逝,这几个威尼斯人开始思念自己的家乡了

另外忽必烈大汗也一年比一年的衰老了,13世纪80年代中期时,他的身体状况更是不佳。大汗平日对波罗一家的宠爱有加使得他们在宫廷当中树立了很多敌人,波罗一家担心他们要是在大汗死后再离开中国,他们自身的安全和他们的财富很难全身而退。

怀着这种想法,波罗一家在大汗"心情出奇好"的一天对大汗提出回家的请求。然而忽必烈对此颇感伤心,他问他们为什么宁愿将自己置身于艰难和危险的旅途也不愿享受现有的荣华富贵。而且如果他们能留在中国,他可以使他们的现有财富增加一倍,但绝对不会答应他们离开。

马可一行回家的计划就这样被搁浅了。但一次意外发生的事情给他们的计划带来了转机。那是1286年,波斯汗国阿鲁浑的妻子死了。临死前她请求丈夫娶她自己家族的(蒙古皇族)的成员为下一任妻子。于是阿鲁浑派遣了使者到蒙古来请忽必烈大汗赐给他一位蒙古公主成婚,大汗就选中了他家族中一个名叫阔阔真的年轻公主。但他们在返回的路上遇到了麻烦,于是不得不又回到了上都。在此期间,阿鲁浑的使者因以前听说过马可是一位称职的探险家,于是央求大汗让马可与他们同行。忽必烈虽然非常不愿意马可他们离开,但为了公主的安全,还是答应了,但他要求马可将公主送给阿鲁浑和回到威尼斯的家后,再回来见他。

临出发前大汗给波罗一家发了金牌,有了金牌,他们在大汗疆土内的行程会非常安全。另外大汗还给罗马教

🔲 阿鲁浑(1284—1291年在位)伊朗第四代蒙古族伊儿汗。他是伟大的合赞汗的父亲。

皇写了一封信。分别的日子终于到了,马可和大汗都很伤感。马可几乎不能控制自己的情绪,他答应大汗一定会回来为他尽犬马之劳,不会让他失望。然而,大家心里都知道,此去千山万水,真的回去了,还能回来吗?

回去的路依然艰险,一路上,不断有人经不住病痛而死去。当1293年春,船队在经过26个月的旅行,终于越过了辽阔的印度洋,抵达波斯的忽里模子港时,600人的船队仅剩下18个人。幸好马可和父亲、叔叔以及阔阔真公主没什么大碍。

然而苦难并没有因此而结束,不幸的消息很快降临在这个历尽千辛万苦来成婚的公主身上。原来阿鲁浑已于1291年去世,如今在位的是他的弟弟乞合都。当他们面见乞合都时,乞合都已经将阔阔真公主赐配给阿鲁浑的儿子合赞了。原来,按照蒙古人的风俗,未成婚的丈夫死后,就应当把新娘送给他的长子。这个消息让阔阔真大吃一惊,不知道是喜还是忧。不过可以肯定的是他们又要继续赶路,前往合赞驻守的阿卜合儿城。

1293年8月,马可护送阔阔真公主抵达了阿卜合儿城,合赞派来盛大的队伍迎接他的新娘。

🚩 阿鲁浑手中抱着自己的儿子合赞

合赞王子很像他的父亲,是一位身材魁梧、相貌英俊的青年,与端庄漂亮的阔阔真公主简直是天造地设的一对。看着阔阔真公主幸福的神情,马可觉得比什么都欣慰,他总算圆满完成了大汗交给的任务。现在他该奔向自己的家乡了。离别的那天,阔阔真哭成了泪人。也许这是最后一见了,对于这些患难与共的人来说,怎能不叫人悲伤……

马可百万君

1293年末,马可·波罗与父亲、叔叔一同返回威尼斯。就在他们从波斯开始向家乡行进的第4天,得到了忽必烈大汉驾崩的噩耗。马可很难过,他知道自己再也没有机会回中国了,就算回去了,也没有什么意义了。因为他愿意为之效劳、为之奋斗的大汗已经永远走了!而正在这时,

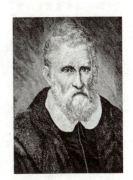

马可·波罗一家离别故乡25年后，又回到了思念已久的威尼斯。

他们又遭到了热那亚人的偷袭，野蛮的热那亚人抢走了他们驮有行李的马匹和货物，连忽必烈大汗写给教皇的信也被抢走了。最后，除了事先藏在衣服中少量的黄金和珠宝外，他们一无所有。此时他们如同落魄的流浪汉，只有不断向着家乡的方向行走。

1295年，马可三人终于踏上了威尼斯的国土，走进了他们25年不曾踏入半步的家门。家人们看着3个犹如从天上掉下来的人，几乎不能相认。此刻唯有泪水和笑声相互交织着，那个夜晚，所有人都不能入睡。

马可的事迹很快在威尼斯引起了不小的轰动，很多人甚至专门去拜访，听他们讲述东方的故事。然而，在相当长一段时间内，马可与父亲和叔叔是不被人理解的。他们几乎不相信他们所讲的都是事实。而马可在与人谈到元朝时，总是爱用"超过百万"来形容，一些好事之徒竟然为他起了"百万马可"的绰号，这对于马可来说，无疑是最大的侮辱。是啊，没有人可以证明他们所说的是事实。格里戈里教皇已经去世，新任教皇换了一届又一届。即使在国家的档案中，也找不到他们被教皇派去出使元朝的任何只言片语。而且，忽必烈大汗交给教皇的信已经丢失，然而马可从来都不后悔自己所做的一切，因为他曾经看到过世界上最神秘、最美丽的东西，这就足够了！对于那些人的怀疑与猜忌，马可表示理解，因为他们不曾到过中国，不曾享受过他曾经享受到的那些神奇。他相信历史总有一天会记住他们，记住他们为这次伟大的旅行而付出的代价！

马可·波罗

马可·波罗究竟来过中国吗

马可·波罗还活着的时候，《马可·波罗游记》就由于书中充满了人所未知的奇闻逸事，而遭到人们的怀疑和讽刺。关心他的朋友甚至在他临终前劝他把书中背离事实的叙述删掉。之后，随着地理大发现，欧洲人对东方的知识越来越丰富，《马可·波罗游记》中讲的许多事物逐渐被证实，不再被视为荒诞不经的神话了。但还有人对《马可·波罗游记》的真实性发生怀疑。

自《寰宇记》问世 700 年来，（《寰宇记》就是《马可·波罗游记》最早的名称）马可·波罗是否真正到过中国，一直是中外有学者关注和争论的焦点之一。著名学者杨志玖即以《永乐大典》中发现的一段重要公文有力地证明了马可·波罗来华的真实性。此后德国学者福赫伯（Herbert Frack）、美国学者海格尔（John W. Haeger）、英国学者克鲁纳斯（Craig Clunas）都曾对马可·波罗到过中国提出质疑。1995 年英国学者弗朗西斯·伍德（Frances Wood）著书全面否定马可·波罗到过中国，引发了对此问题的又一轮争论。杨志玖的《马可·波罗在中国》阐述了他对马可·波罗来华的一系列研究：如马可所说天德乔治王的身份，当地的阿尔浑人、汪古部人、蒙古人皆与当时情况相符；马可记元世祖生日及元旦朝贺仪式与《元史》记载相差无几；马可所记元代刑罚施刑数目也与汉籍所载相同。党宝海（北京大学）的《马可·波罗来华新证——三个内证》从马可所述东方离奇传说和汉文化区日常生活入手，举出了马可来华的3个新的证据，即马可所述回鹘不古可汗诞生传说、蒙古政权拆毁汉地城墙及忽必烈路边植树的法令，均可与同期的汉文、波斯文史资料相印证。

有关马可·波罗在华的身份，目前已有枢案副使、扬州总管、翰脱商人等3种说法。李治安（南开大学）结合对《寰宇记》乃颜之乱记述的考释，认为马可·波罗在华的身份应是宫廷外围侍从并翰脱商人。马可随同忽必烈亲征乃颜，也是以宫廷侍从"后列"角色出现的。当我们

《永乐大典》是我国古代编纂的一部大型百科全书，是中华民族珍贵的文化遗产。书中保存了我国上自先秦，下逮明初的各种典籍资料达8000余种，是中国古代最大的百科全书。

把马可·波罗的身份诠释为宫廷侍从"后列"时,有关他奉大汗命居扬州3年而未担任正式官员的说法,才能讲得通,站得住脚。

马可·波罗与他的故事《马可·波罗游记》,早已家喻户晓、妇孺皆知了。国内外"肯定论者"之所以肯定或承认马可·波罗到过中国,主要基于两个方面的理由:一是人们对马可·波罗与《马可·波罗游记》的善意解释。另一方面的原因是《马可·波罗游记》所记载的某些内容若非亲身经历是不可能知道得那样详细具体的。许多学者认为《马可·波罗游记》的内容都是在重述一些尽人皆知的故事,比如元朝的远征日本、王著叛乱、襄阳回回炮、波斯使臣护送阔阔真公主等。但是,《马可·波罗游记》所记载的某些内容却使学者们很惊奇。比如,《马可·波罗游记》关于杭州的记载说,杭州当时称行在,是世界上最美的城市,商业兴隆,有12种行业,每种行业有1.2万户。城中有一个大湖(即西湖),周围达48千米,风景优美。这些记载在《乾道临安志》和《梦粱录》等古籍中得到了印证。其他的如苏州的桥很多,杭州的人多,还有卢沟桥,等等,《马可·波罗游记》的记载都相当详细、具体,这些材料在当时的历史背景下是不可能从道听途说中得到的。

然而,国际马可·波罗学却形成了两种相互对立的学派,即肯定马可·波罗到过中国的"肯定论者"和怀疑马可·波罗到过中国的"怀疑论者"。两方激烈争辩。其实这种争辩意义不大。提起哥伦布,可能几乎所有的人都知道他发现了美洲。不

🔷 杭州西湖

过,这只是我们后人的想法,就哥伦布本人来说,他至死都认为他发现的不是美洲,而是印度,所以,他坚持称他航海中于美洲附近所见到的第一片陆地为"西印度群岛"。哥伦布不是个骗子,马可·波罗也不是有意要撒谎,他可能

像克鲁纳斯所认为的那样，只到过中亚的某些国家，而他则把这些国家当成了中国。不过今天绝大多数人还是相信他到过中国。

解决马可·波罗问题的出路在哪里呢？关键的一点就是不能只躺在《马可·波罗游记》上去研究所谓的"马可·波罗学"。目前国内外学者们都承认《马可·波罗游记》在开拓东西方交流方面作出了巨大的贡献。那么我们又何必去计较马可·波罗是谁呢？其实，"马可·波罗"这个名字也许不一定是指某个特定的人，或许是指当时的一批东西方交通的开拓者。"马可·波罗"就是他们的代名词，《马可·波罗游记》就是他们当时历险经历的总结。

热那亚监狱的回忆

就在马可返回家乡的第三年，威尼斯城与热那亚城发生了战争。战争的起因是，两个敌对的城市各自为了争夺地中海的贸易控制权。作为威尼斯的有名人物马可·波罗也投入了战争。他出钱装备了一艘命名为"东方"的战舰，并且由他自己亲自出任舰长。

马可·波罗指挥自己的战舰加入了威尼斯舰队。在海上与敌舰展开了一场激烈的海战。

但由于威尼斯舰队指挥的失误，战争惨遭失败，威尼

热那亚始建于罗马帝国时期。它曾是罗马帝国的一个行政区，由于它在地中海的战略地位，曾一度是法国和西班牙争夺的对象，于1528年重新获得独立，1815年热那亚和整个地区归并撒丁王国。

斯近 7 000 人被热那亚军队抓获,马可·波罗也是这众多战俘中的一个。

马可·波罗被关押在热那亚的一座监狱。由于他的影响大,社会地位也高,热那亚人对他比较宽容。监狱里光线不好,只有几个不大的通气孔。窗洞外清新的空气、蔚蓝的天空、飞翔的海鸥、鲜艳的花朵,勾起马可·波罗对往事的回忆。而最使他留恋的是在东方神秘中国的那 17 年的日日夜夜。

热那亚人听说马可是个著名的旅行家,纷纷到牢监里来访问,请他讲东方和中国的情况。跟马可·波罗一起关在监牢里的有一个名叫鲁思梯谦的作家,他用法语写作了亚瑟王和圆桌骑士的浪漫故事,获得很大声望。在他们的交谈中,波罗无疑对他的新朋友讲述了他在东方沿途当中收集的大量信息和他所到过的传说中提到的地方,甚至还讲述了一些他未到过的国家和边界地区的故事。鲁思梯谦劝说马可让他把这些经历写出来,肯定会成为一部好书。于是由马可口述,鲁思梯谦执笔的《马可·波罗游记》(一名《寰宇记》)就这样诞生了。

⬆比萨人鲁思梯谦当时已经是一位小有名气的骑士文学家,1270 年时他用法语写成一部骑士传奇集《梅里亚杜斯》。

在这本游记里,马可·波罗把中国的著名城市,像大都、扬州、苏州、杭州等,都作了详细的介绍,称颂中国的富庶和文明。这本书一出版,激起了欧洲人对中国文明的向往。热那亚人因为马可·波罗出了名,把他释放回国。

1299 年夏末,马可·波罗获释返回威尼斯。他将鲁思梯谦为他记录的《马可·波罗游记》整理了一遍。很快被人们广泛传抄。以致后来各种手抄本有数十种之多,而且每一种手稿之间都存在有不同程度的差别。

直到 15 世纪,这部名著才正式刊印成书,在全世界流传。700 多年来,《马可·波罗游记》被译成各国文字、100 多种译本,在全世界广泛传播。当时的欧洲地理学家,正是根据这本书中的记叙和提供的丰富的资料,绘制出了早期的世界地图。

尽管马可·波罗的这部游记中有种种的缺漏和武断,但他本人对别人加到他游记里的东西是没有责任的。马可·波罗的观察对以后的地图绘制家、地理学家、旅行家和其他学者产生了深远的影响。他的描述，包括像把日本置于欧洲和中国之间的错误，同其他人相比也没什么了不得的。意味深长的是，在大约200年后，哥伦布扬帆出海去寻找西行到东方的海上航路时，手里拿的正是一本已读过无数遍的《马可·波罗游记》。

后　记

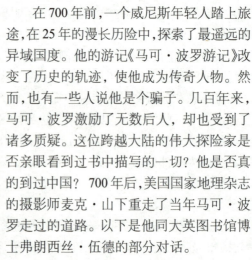

麦克·山下追寻着马可·波罗之路，历时三载，跨越10国，拍摄了上万张照片，以精彩的画面展示了这条久已废弃的古道上的不同文化。

在700年前，一个威尼斯年轻人踏上旅途，在25年的漫长历险中，探索了最遥远的异域国度。他的游记《马可·波罗游记》改变了历史的轨迹，使他成为传奇人物。然而，也有一些人说他是个骗子。几百年来，马可·波罗激励了无数后人，却也受到了诸多质疑。这位跨越大陆的伟大探险家是否亲眼看到过书中描写的一切？他是否真的到过中国？700年后，美国国家地理杂志的摄影师麦克·山下重走了当年马可·波罗走过的道路。以下是他同大英图书馆博士弗朗西丝·伍德的部分对话。

议题一：路线

伍德：马可·波罗应该是从威尼斯一路前往北京，而后继续在中国旅行。根据这样一本游记，我想，大多数人都会觉得可以照着其中所写的路线，一站一站地前进。但仔细阅读之后，就知道这是不可能的。这不是一本可以直接参考的旅行指南。

山下：他在书中提到的两地距离，有些极为精准，有些却是差了十万八千里。最让我觉得不可思议的是他在旅行归来大约20年后才写下了这本游记。现实的场景与他所述的完全吻合，而且，恰恰都是在他所说的地方找到的。

议题二：马可的描述

伍德：人们很早就开始怀疑马可·波罗。首先，大家不相信中国真的像他所写的那样幅员有那么辽阔。到了

19世纪，人们开始质疑，是不是真的能按他给出的时间从甲地走到乙地。我想，要是把几百年来人们提出的疑点累积起来，你会发现，马可·波罗的确很值得怀疑。

山下：昨天晚上，我重读了《马可·波罗游记》中有关他在敦煌那段时间的经历。文字与现实的相似让我非常惊讶，而且，不仅仅是相似，他极为精确地描述了一场杀羊的仪式，其目的是保佑儿女平安，这跟我们在婚礼上看到的情景一模一样。

⬆ 弗朗西丝·伍德

议题三：书中遗漏

伍德：书中有一些严重的遗漏，让人打心底里怀疑他写的是不是亲身的经历。比如说，他根本没提到使用筷子，也没说喝茶。虽然替他辩护的人会说这是因为他不喜欢喝茶，他是意大利人，也许更喜欢喝葡萄酒。他在中国应该会看到女子裹脚，但书里也没提。我认为，这些遗漏都是问题。

山下：怀疑马可·波罗的人提出的一个主要论点、就是他没说起裹脚的事。不过，我认为书中其实讲到了这个问题：描写女人的步态时，他说那是非常秀气的步子，前、后脚之间的距离和一根头发丝差不多。我觉得，这正是在描写裹脚的妇女如何走路。还有一点，由于当时的女性都穿着长裙，马可不可能看到她们的脚。所以依我看来，虽然没有直接看见，但他的确谈到了裹脚的女子。

在蒙古人的朝代，蒙古人的地位是最高的，他们是统治阶级。像马可·波罗之类的外国人都属于第二等人。而北方的汉人和南方的汉人分别被归为第三等和第四等。很多像马可·波罗这样的人，通常只跟同一等级的人来往，这很正常。马可很少与等级比他低的汉人来往，难怪没学到多少汉人的习俗。

议题四：史料记载

伍德：我认为，有关马可·波罗的最大疑点，是他没有出现在任何汉语或蒙古语的史料中。当时中国的官僚体系极为庞大，一切大小事项都会被记录在案，每个城市的每一任地方官，每一个小官吏都

⬆ 女人缠足的习俗在中国延续了1000多年，有人称之为丑陋的国粹。如今小脚老太多已谢世，缠足的历史也不复存在。

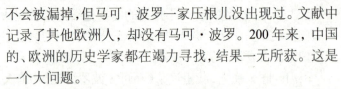

不会被漏掉,但马可·波罗一家压根儿没出现过。文献中记录了其他欧洲人,却没有马可·波罗。200年来,中国的、欧洲的历史学家都在竭力寻找,结果一无所获。这是一个大问题。

山下:作为一名历史学者,我认为,不能过于依赖那一时期的记录,就连一些重要的人物也没有出现在当时的汉语文献中。元朝的原始档案在朝代临近尾声时就已被毁了。

议题五:第一手的经验

伍德:他即便没去过中国,照样可以写出这样一本书。仅100年后,就有一个知名的商人佩加洛提,他在安特卫普工作,最远只到过巴勒斯坦,却写了一本如何跟中国做贸易的畅销书,甚至建议要带上女人,因为同中国女子交往很不安全。我认为,他写的不是第一手的经验,我也不相信马可·波罗写的是自己的经历。

山下:马可讲述的故事有些的确是匪夷所思的。他说,他曾遇到吃生肉的人,对此,我要亲眼见过才敢相信。作为蒙古大汗忽必烈的使臣,马可·波罗曾到访云南,遇见了一些少数民族。有一件事让他非常惊讶:这里的人们竟然食用生肉。很显然,今天他们依旧如此。但是我没想到的,他们喜欢生吃的这种肉竟会是猪肉。我很小的时候就知道了,猪肉一定要煮熟之后才能吃。可是这些人,700年来他们一直在吃生猪肉,而且从气色红润的面庞来看,他们都非常健康。

议题六:原始手稿

伍德:马可·波罗和他的游记或者说他在异乡的发现,存在着一个很严重的问题:就是找不到原始的手稿。原稿已经失传了,留存下来的只是一些手抄本,是经过不断誊写的抄本。早期的马可·波罗游记抄本大约有150份,而且各不相同。如果没有最原始的手稿,就很难追溯这些故事的源头。

山下:有一件事是很多人都不知道的,当时,威尼斯与热那亚之间的海战已持续

巴勒斯坦自古以来就是阿拉伯人和犹太人的聚居地。罗马帝国统治时期,绝大多数犹太人被赶出巴勒斯坦,流落世界各地。

了多年。返乡之后没过多久，马可就被软禁了。历史上最伟大的旅行家，其实是在一间牢房里写下了这本游记。这部传奇著作就是在这种环境里完成的。马可向关押在同屋的鲁思梯谦口述，而这位作家一向喜欢渲染色彩、添加想象。或许，是代笔的鲁思提谦，做了一些不切实际的夸大。

结论

伍德：我想，总要综合考虑所有的疑点、问题、遗漏、怀疑以及关于他是否去过中国的争论，设法得出一个结论。我认为他显然没去过，但又有很多人坚信他确实去了。我们没法用指纹或DNA证明什么，毕竟已经过去了700年。说到底，这真的只是一个相信不相信的问题。

山下：对于那些怀疑马可·波罗的人以及他们的种种说法，作为唯一重新走过这段旅程的人，我可以给出一个答案：我们或许可以坐在伦敦的某个图书馆里，反复思索他究竟去过哪些地方，可是一旦踏上他曾走过的道路，你就会不由自主地对马可·波罗深信不疑。因为，他的描述太准确了。

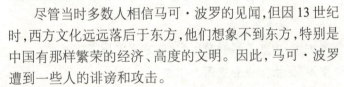
↑ 马可·波罗游记

尽管当时多数人相信马可·波罗的见闻，但因13世纪时，西方文化远远落后于东方，他们想象不到东方，特别是中国有那样繁荣的经济、高度的文明。因此，马可·波罗遭到一些人的诽谤和攻击。

1324年，马可·波罗弥留之际，替他祈祷上帝的神父对他说："有人说你生前撒过弥天大谎，死后是升不了天堂的。趁弥留之际，忏悔吧，上帝会原谅你的。忏悔吧，拯救你的灵魂！"

马可·波罗虽然生命垂危，但脑子十分清醒。他摇着头说："不！我不用忏悔！我是真实地记述了我的见闻，没有任何夸大。遗憾地说，记述得太少了，只有我所见的一半……"

↑ 马可·波罗穿鞑靼服装

说完，马可闭上了眼睛，永远睡去了，带着他的梦、他的英俊、他的坚毅、他的胆识、他的执著……

大 事 年 表

1254 年　　生于意大利威尼斯一个商人家庭。

1271 年　　马可·波罗 17 岁时，父亲和叔叔拿着教皇的复信和礼品，带领马可·波罗与十几位旅伴一起向东方进发。

1275 年　　夏天，距他们离开祖国已经过了 4 个寒暑了！ 马可·波罗的父亲和叔叔向忽必烈大汗呈上了教皇的信件和礼物，并向大汗介绍了马可·波罗。

1292 年　　春天，马可·波罗和父亲、叔叔受忽必烈大汗委托，护送一位蒙古公主到波斯成婚。他们趁机向大汗提出回国的请求。大汗答应他们，在完成使命后，可以转路回国。

1295 年　　他们三人终于回到了阔别 25 载的亲人身边。

1298 年　　马可·波罗参加了威尼斯与热那亚的战争，9 月 7 日不幸被俘。在狱中他遇到了作家鲁思梯谦，于是便有了马可·波罗口述、鲁思梯谦记录的《马可·波罗游记》。

1929 年　　《马哥·波罗游记》由北美印刷局印刷，燕京大学图书馆发行。

1936 年　　《马可·波罗游记》由上海亚东图书馆发行。

郑 和

　　一个中国人的名字，像航标灯一样闪耀在茫茫夜海整整 600 年。

　　1405 年，郑和开始了七下西洋史诗般的航程。他麾下的 200 多艘战船载着 2.7 万多名壮士，在高樯重桅、旌旗猎猎的隆盛威仪中驶入大海。到 1433 年，他的船队远涉太平洋、印度洋、大西洋，最远到达红海和非洲东海岸，航迹遍及 30 多个国家和地区。

　　郑和出发 87 年之后，意大利人哥伦布横渡大西洋，到达被他误认为是亚洲岛屿的美洲新大陆；92 年之后，葡萄牙人达·伽马绕过非洲南端的好望角，沿着郑和当年开辟的航线抵达印度西海岸；116 年之后，葡萄牙人麦哲伦穿越大西洋与太平洋之间的后来以自己名字命名的"麦哲伦海峡"。郑和以率先近 1 个世纪的脚步，领跑了世界航海探险运动。

童年蒙难

每个人都知道郑和七下西洋的故事,但郑和这个人终始就是一个谜。一个生在云南的穆斯林小孩子怎会来到万仞高墙之内的皇宫?在明初那样复杂的政局之中,一个宦官怎么会受到皇帝的青睐脱颖而出?成就郑和一世英名的航海生涯究竟是怎样的波澜壮阔气象万千?带着疑问,我们去寻找真实的郑和。

1218年,成吉思汗在消灭了契丹西辽之后,向西域派遣了一支由400多商人组成的骆驼商队,以寻求贸易。不料,商队遭当时的中亚大国花剌子模截杀,货物被抢。暴怒的成吉思汗在1219年亲自率领20万蒙古军发动西征,攻陷了花剌子模的都城——不花剌城。

当时8岁的赛典赤·瞻思丁正好居住在这个号称"文化之都"的不花剌城。北宋神宗熙宁三年(1070),他的十世祖——中亚布哈拉的普化力国王率5 000多人和5 000多匹驼马来中国朝贡,并申请归诚,神宗封他为"宁彝侯"。郑和的五世祖——赛典赤·赡思丁赶上了伟大的忽必烈时代,被封为"咸阳王",驻镇滇南。从此,他们成了云南的贵族大姓,并改从汉俗,定为马姓,郑和本姓马,就来源于此。

明洪武四年(1371),郑和出生在云南昆阳州(今昆明市晋宁县)宝山乡和代村一个世代信奉伊斯兰教的回族家庭里。虽然变成了地道的中国人,但整个家族依然信奉伊斯兰教,郑和父亲与祖父均曾朝拜过伊斯兰教的圣地麦加,熟悉远方异域、海外各国的情况。从父亲与祖父的言谈中,年少的郑和已对外界充满了强烈的好奇心,而父亲为人刚直不阿、乐善好施、不图回报的秉性也在郑和的头脑中留下了抹不去的记忆。在他年幼时,常在父亲膝下听其讲述朝圣麦加途中的种种见闻和跋山涉水的惊险旅程,那些说不尽道不完的新奇事物,像磁铁般深深地吸引了他,令他魂为之牵,梦为之绕。

祖辈们与天地斗、与恶劣环境斗、与瘟疫疾病斗的无畏勇气和献身信仰的精神,使幼小的郑和受到了熏陶和感

↑信奉伊斯兰教的人叫做穆斯林。穆罕默德,伊斯兰教的创始人,于公元570年出生在沙特阿拉伯麦加城古来什部落哈希姆家族。

染，小郑和从小就立下鸿鹄之志，准备将来远航西洋，朝圣麦加。他常常坐而冥思，起而力行，刻苦学习划船、使帆、游泳，还潜心于航海史籍的研读，好像刻意要成为一代航海家、冒险家似的。

然而正当他小心翼翼地编织着美好前程之梦的时候，命运之神把不幸降到了他的头上。1385 年洪武皇帝朱元璋出兵平定云南，郑和的父亲不幸蒙难。那时他还不叫郑和，名叫马三保，父亲临死前为祈求真主保佑，世道平和，所以给他取名为马和。在为父亲打坟的途中，郑和与哥哥走散，在兵荒马乱中，11 岁的郑和被明军俘虏，带到南京，成为众多被阉割的儿童之一。这是艰辛的开始，也是荣耀的伏笔。

军事才能终身护航

郑和受阉后，做了宦官，从 1385 年开始，11 岁的马三保随着明军征战南北，塞外、北平，处处都留下他幼小的足迹。战争，让这个孩子吃尽了苦头，但也让他迅速成长。在他 16 岁时，被分到北平，进了燕王府，在那里他见到了当时的燕王，也就是后来的永乐皇帝朱棣，由于他聪明伶俐且武艺高强，当即被选为燕王的贴身侍卫，从此伴王左右。少年的他十分刻苦，在燕王府日日练刀舞剑，夜夜苦读诗书。毫无疑问，那时的他已是一名出类拔萃的少年了。

1399 年 8 月，明王朝爆发了长达 4 年之久的"靖难之役"。当时，由农民起义领袖登上皇位的朱元璋，为了确保朱明王朝千秋万代地统治下去，一方面加强君主专制统治，把军政大权牢牢地掌握在皇帝一人手中，另一方面，他想方设法加强皇室自身的力量，其具体的办法就是分封诸王。他把自己的 24 个儿子封为亲王，分驻全国各战略要地，想通过他们来屏藩王室。受封诸王在自己的封地建立王府，设置官属，地位相当高，公侯大臣晋见亲王都得伏而拜谒，无敢钧礼。

⬆ 明成祖朱棣

这种状况直接导致藩王势力的膨胀，对中央政权构成极大的威胁。朱元璋死后，其长孙朱允□继承皇位，也就是后来的建文帝。本来这个皇位理应由朱允□的父亲朱标继承，只可惜他英年早逝。朱元璋按照嫡长子继承的原则，便把长孙朱允□立为皇储。朱元璋病逝时，朱允□已21岁，正是英姿勃发的时候。

建文帝即位后，那些藩王们个个拥有重兵，位高权重，根本不把这个年轻的侄皇帝放在眼里。建文帝时时感受到藩王的威胁，不得不与亲信大臣齐泰、黄子澄等计议削藩，引起了各藩王的不满。其中以实力最强的燕王为首，他率先发难，并援引祖训"如遇奸臣擅权，藩王可以向中央声讨，索取奸臣，并发兵清君侧"为名，于建文元年（1399）7月，在他的封地北京起兵，发动"靖难之役"，借口"清君侧"，以诛齐泰、黄子澄，矛头却直指建文帝。

而作为燕王贴身侍卫的马三保则跟随朱棣出生入死，屡立战功，军事才能与日俱增。在"靖难"之初，燕军还很孤立，政治、军事和经济都处于下风，势力范围仅限于燕赵的几座孤城（今北京通县、津蓟县、居庸关、怀来等地），而建文帝的大将李景隆则趁朱棣进攻大宁之机，包围北平，结九营于郑村坝（今北京东10千米）。燕王还师与之交战，三保献计，一旦李景隆兵动，就以骑兵左右夹击。燕王采纳了三保的计谋，并令他亲临战阵，三保出生入死，连破李景隆七营，斩首级数万。李景隆不敌，南逃德州，顿时军心大乱，燕军一下获降军数万，战马2万匹，取得了自"靖难"之后的首次大捷，从此扭转了整个战局，朱棣对此念念不忘。1402年7月，朱棣登基当上了皇帝，三保也被封官，任内官监太监，相当于正四品，在经历20多年的苦难生活后，三保成了地位显赫的大内太监。又因中国历来有"马不入宫殿"的说法，三保又被赐姓"郑"，以纪念他在郑村立下赫赫战功。从此他改名为郑和。在中国古代，赐姓是至高无上的荣耀，而宦官被赐姓更是绝无仅有，可见永乐皇帝对郑和的倚重与信任。

多年的军旅生活，历练了郑和的军事才能。他既有谋略家运筹帷幄的才能，又有战将亲自上阵杀敌的本领，不愧是一位杰出的军事人才。军事才能正是他一生取得各

🔶 明太祖朱元璋

种成就的基础，在航海上也派上极大的用场。在船队，他既是外交正史，也是兵将首领，航海途中，船队曾经历了3次极其险恶的战役，但凭着郑和的军事才能，都取得了决定性的胜利。

历史的使命

15世纪以前，中国、印度等东方文明古国的经济文化发展走在世界前列。1405年，法国尚处在英法百年战争的中期，兵变频发，生灵涂炭；英国正废除农奴制和劳役制，发展自耕农占多数的经济社会；东南亚、南亚、非洲一些国家和地区处在奴隶制社会和部落纷争之中，生产力水平低下；大洋洲、太平洋和印度洋诸岛仍然处在原始公社制社会阶段。而此刻的明朝正处在"永乐盛世"，国家一统，社会安定，经济繁荣，国力强大。当时中国的皇帝朱棣更是中国历史上为数不多的大手笔皇帝之一。他继承了明朝开国皇帝朱元璋的诸多英明政策，战而不乱，开而不禁，保持了社会经济的稳定发展。即位后，这位把国都从南京迁到北京、修复秦长城、扩建大运河、建造紫禁城、编纂《永乐大典》。爱好天文的皇帝，又登高望远，把目光投向了蔚蓝色的大海，出台了一系列发展造船工业、海上运输和对外贸易的政策。由此，中华文明的脚步迅速从陆路向海上拓展。

中国古代和西方的贸易对于双方都是非常重要的，中国的茶叶、瓷器、丝绸源源不断运往欧洲，换回欧洲的金银。这刺激了中国农业、手工业的发展，也殷实了朝廷的国库，可以说通商对于中国古代的繁荣是极其重要的。而通商的途径有两条，陆上是丝绸之路，还有就是海上贸易航线，这两条途径都要经过中亚辗转几次才能到欧洲。贸易利润非常高。

明朝初期虽然推翻了蒙古帝国在中国的统治，但蒙古还有其他汗国在中国的北部、西北和西南，可以说蒙古汗国包围了中国的西部，占据了古老的丝绸之路，阻断了东西方贸易。这种阻断无论对中国还是对欧洲来说都是无法忍受的，双方都希望能够寻找一条新的贸易航线。于是

永乐大钟是中国历史上最大的铜钟。

青花云龙纹玉壶春瓶

明成祖命郑和去下西洋,而几乎与此同时葡萄牙人也通过海上寻找东方。双方行动的时间前后不超过50年,在历史的长河中可以说是几乎同时发生的。

永乐皇帝自登基后第3个月起,就派遣使者四处活动。而郑和作为朱棣的心腹,学识渊博,熟知兵法,不但通晓阿拉伯语言文字,还熟悉西洋各国各地区的情况,并了解航海知识,还具有外交才能,因此成为下西洋统帅的不二人选。从永乐元年1403年起,郑和就进行过几次小规模的航海活动,先访问了暹罗(今泰国)、日本等比较近的国家。在出访日本的过程中,郑和还促成明朝与日本建立外交关系,敦促日本肃剿中国沿海倭寇,显示了其杰出的外交才能。

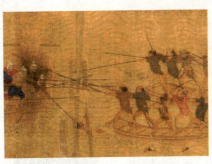

⬆中国沿海军民抵御倭寇的袭扰。

郑和与他的船队

思想有多远,步伐才能走多远;目光有多宽广,胸怀才能有多博大。郑和每次远航,都是万人出征、百船齐发,帆阵如云、旌旗蔽天,其规模之庞大、组织之严密、装备之精良、气势之旺盛,让亚洲任何一个国家乃至欧洲所有国家的海军联合起来都"无与匹敌"。郑和七下西洋,最多时率船200多只,人员达2.7万多人,主要航线多达40条,总计航程16万海里,是世界古代航海史上人数最多、行动范围最广的远洋航行活动。

船队每次出行的场面之壮观固然令人称叹,但郑和之帆所绽放的智慧之光更令人称奇。造船技术和航海技术涉及结构力学、流体力学、磁力学、工程学、数学、天文学、地理学、地质学、海洋学、气象学、生物学、医学等多门学科,代表了科技领域的最高成就。尤其是郑和宝船从结构到机巧无一不闪烁着智慧的灵光,令欧洲造船业难望其项背。

宝船即是取宝之船的意思。它是整个船队的主体,郑和下西洋时所携带的各种物品,以及从西洋换回来的奇珍异宝都装在这种船上。据资料记载："当时的大型宝船长约151.8米，宽61.6米，航行时张12帆，有9桅，它的一个锚就有几千斤重。"在570年前，这些记载虽然不可尽信，但是也有着一定的参考价值，最起码我们可以想象到在当时能造出如此巨大的航船，还有几万人的船队进行航海探索，这不仅在当时是没有任何一个国家的任何一支船队能够与之相比，就连百年后的欧洲航海家的船队与之相比，也要黯然失色。

1492年，哥伦布从西班牙的巴罗斯港开始美洲航海探险时，只有3艘帆船，90名水手，最大的一艘船"圣玛丽亚"号，只有250吨，不过是郑和大船的1/10。航行了一个月，一条船就被大海吞噬了。另外两艘船勉强撑住，中途还有过严重的漏水现象，最后总算勉强到达了美洲。1479—1498年，葡萄牙海军大将瓦斯科·达·伽马远航印度的船队，是葡萄牙国王亲自派出去寻找香料产地的。按照葡萄牙航海家的评价，他的船只是当时欧洲最好的舰队。但他的船队只有4艘船，旗舰也只有约25米长，载重量120吨。另外还有100吨的一艘和50吨的一艘。这3艘船的总吨位还不到郑和一艘大船的1/8。环球航行的麦哲伦船队不过是由5艘帆船组成，其中130吨的2艘，90吨的2艘，60吨1艘，总吨位不过是郑和一艘大型宝船的1/5。这支船队回到西班牙就只剩下一条船；265名水手，生还的只有18人，麦哲伦本人也死在异乡。他们的远航损失惨重，其重要原因是船小经不起风浪。

🔸 远航道别

🔸 按照原型重新建造的郑和宝船

除了宝船外，船队还有一些被当做补给船的"水船"，当庞大的船队在海上进行长时间的航行时，由于海水太咸，不能入口。所以这些"水船"对于整个船队的两三万人来说，是否能够胜利地完成远航，起着极为重要的作用。除此之外，郑和的船对中还有马船、粮船、坐船和战船等。在航行中，他们运用中国人自己发明的指南针，通过星辰定位，精确引航；船舶间的联络、调度则是

中国乾隆年间所绘的世界地图,已和现代地图区分不大。

采用昼行认旗、夜行认灯等方式实现;另外还绘制出了标有530多个城市、岛屿、航海标志、滩、礁、山脉和航路名称的《郑和航海图》,它是世界上现存最早的航海图集,其准确、形象、丰富、完整,使它成为包括亨利王子、哥伦布、麦哲伦、达·伽马等航海家竞相秘密寻找的资料。

除此之外,郑和下西洋随从的船员也都有很明确的职责,包括:使节及其随员、航海技术人员、财经与贸易人员、军事人员及翻译、医官和佛教僧侣。为了扬国威于海外,并防范海盗劫掠,郑和船队还专门配备了一支精悍的武装力量。为了在远洋航行中,保障全体人员的健康,船队还配备了180名医官、医士,平均每150人就有一名医务人员,这种完备的医疗制度,在世界航海史上也是没有先例的。郑和船队组织得如此严密、完备,充分体现了中国人民与海洋斗争的经验与智慧。这支15世纪的船队是当时世界上最大的船队,出色地完成了多次远洋航行任务。

七下西洋

郑和画像

永乐三年(1405)6月15日,明成祖派遣郑和出使西洋,揭开了郑和七下西洋的序幕。郑和船队有宝船62艘,满载丝绸、瓷器、金银、铜铁、布匹等物从今江苏刘家港(今江苏太仓浏河镇)出发,沿我国东海、南海而下,披荆斩棘,乘风破浪,经占城(今越南南部)、爪哇(今印度尼西亚爪哇)、暹罗(今泰国)、锡兰(今斯里兰卡),最后经古里(今印度西岸)返回中国,历时2年零2个月。这是人类有史以来最庞大的远航船队,也是人类有史以来最伟大的远航,其航行规模之大、人数之多、范围之广,不仅在中国航海史上是第一次,而且在世界航海史上亦无先例。它比迪亚士发现好望角早83年,比哥伦布远航美洲早87年,比达·伽马发现新航路早92年,比麦哲伦环球航行(到达菲律宾)早114年。

之后,郑和又分别于永乐五年(1407)、永乐七年(1409)、永乐十一年(1413)、永乐十五年(1417)、永乐十九年(1421)、宣德六年(1431)六下西洋,历经30余国,最远处到达今非洲东岸的骨都束(今索马里)、麻林(今肯尼亚)及红海的麦加(今沙特阿拉伯)、亚丁湾的阿丹(今也门民主共和国)。7次航行的总航程达7万多海里,可绕地球3周有余。前3次下西洋到达的主要为今东南亚的越南、柬埔寨、菲律宾、印尼、新加坡、马来西亚、泰国、缅甸及南亚的印度等国沿海地区,属于恢复旧有航线的性质。每到一个国家郑和都以中国使者的身份登上海岸进行访问,向他们颁赐锦绮纱罗、瓷器、金银等礼品。各国君臣看见船队规模宏大,使者的态度友好亲切,没有丝毫炫耀武力、威胁别人的意思,都表示热烈欢迎;老百姓听说明朝的船队来了,也都扶老携幼,争相到海边观看。他们面对那些从来没有看见过的宝船,个个惊叹不已。当时中国的丝绸、瓷器早就名扬海外,沿途的百姓听说船队满载这些产品,都很高兴,纷纷用香料、珊瑚、珠宝等去换取中国的土特产品。各地的商人十分乐意同中国人做生意。很多人还向中国客人赠送礼物,以表达友好的感情。而且船队所行之处对当地"唐人"也产生了巨大的影响。当时郑和的船队每到一处有"唐人"的国家,居住在这些国家的"唐人"便奔走相告,欣喜万分。他们的这种欣喜,是因为郑和带来的是强大的国威。仅仅是郑和代表中国送给该国国王的礼物,就令所在国的国王、大臣、王公贵族们刮目相看。而当地人则更为郑和庞大的船队所震撼,得知这些"唐人"的后面原来有这么一个强大的国家,因而对"唐人"不敢轻视,从而大大提高了"唐人"在国外的地位,促使了唐人街的形成。

郑和的第四至第七次下西洋则是逐渐向西延伸,开拓了通向西亚、东非的新航线,从而把中国的对外经济文化交流带到了一个前所未至的地区。郑和

🔶郑和下西洋航海路线图

世界大探险家成功故事

南宋时期航海所用的罗盘

的第六次出使,曾到榜葛剌(今孟加拉)访问。榜葛剌国王带着官员及迎宾的礼仪用品,骑着马,排起长长的队列欢迎郑和上岸。郑和与国王一起,在身穿盔甲的军士护卫下,向王宫走去。王宫大殿前设孔雀翎伞盖百余,又有百余头大象列队,欢迎的场面降重而又热烈。郑和宣读明成祖的诏书,国王拜接,并叩头谢恩。随后国王举行盛大宴会款待郑和。然而此时的郑和却不清楚远在万里之外的大明朝廷里,正酝酿一场轩然大波。郑和船队六下西洋返航后,朱棣皇帝驾崩于北征途中,于是便有人开始责难朱棣的外交政策。加之明朝后期,灾害连连,国库空虚,民生凋敝,有人便指责郑和出海是劳民伤财。由于明朝廷中反对郑和下西洋的一派占了上风,因此,明仁宗朱高炽即位当天便颁诏停止造船、召回人马。明仁宗洪熙元年(1423)2 月。郑和自旧港返国后,奉命领下洋官兵守备南京。从此,郑和近 10 年未启风帆。

明仁宗朱高炽即帝位不到一年便因病死去,明宣宗朱瞻基即位。此时,禁航令不但没有从根本上扭转时局的尴尬和经济上的窘境,反而阻滞了日益兴旺的海上贸易。特别是由于郑和船队已停航近 10 年,海外诸国同中国的关系日渐疏远,"外番贡使多不至",东南亚各国局势又开始动荡起来。明宣宗朱瞻基经历过永乐盛世,亲眼目睹过昔日那种"万国咸宾"的盛况。而今朱瞻基登基执政已有 6 年,抚今忆昔,可能此时他已经感觉到不大力发展与海外诸国的友好关系,势必会影响明朝自身的发展及其威望。因此,明宣宗朱瞻基决定再次派郑和下西洋。这样,宣德朝郑和第六次下西洋被作为永乐朝六次下西洋的继续而载入史册。

1431 年,年已六旬的郑和第七次被派遣出航。此时,这位斗得过刀风剑雨却躲不开唇枪舌剑的老航海家,知道这很可能是一生中最后的航程了。作为一位虔诚的穆斯林,亲自到麦加朝觐是他终生的愿望。然而就在这一次,郑和却犹豫再三,最终决定放弃一己之愿。他派出其他穆斯林水手前往圣地,自己却悲怆地留守在他七下西洋七次驻足的印度古里,凄楚地遥望着那儿时就景仰的圣地。也就是在这一次,印度古里永远地留住了这位世界上最伟大的航海家。

郑和死后的几百年来,其历史贡献及其航行的深刻意义似乎没有被世界全部认识。回望 600 年前的征帆远影,假如没有郑和船队游弋海上,调停纷争、震慑强梁、安抚弱小,中国周边不可能有和平安定的环境;沿途诸国不可能刀枪入库、铸剑为犁、发展生产;不同民族、不同种族、不同宗教信仰部落之间,不知道还要厮杀多久,世界文明的脚步还要滞行多久。假如没有郑和的探险之旅,人类的脚步还哆哆嗦嗦地离不开海岸线,跨洋贸易、洲际交流还要经过多少年漫长的摸索,中国也不可能有造船工业、纺织工业、陶瓷业、医药业等的繁荣和发展。和平利用海洋,推进文明进步,是郑和下西洋的初衷,是中国对世界的贡献,是全人类共同的精神财富。

有幸的是 2002 年 3 月,英国前海军军官、作家、历史学家加文·孟席斯经过 14 年的研究以及实地踏勘,在英国伦敦宣布了一个震惊国际航海界、历史学界和考古界的消息:最早绘制世界航海图的是中国人,第一个到达美洲大陆的人不是哥伦布而是中国明代的郑和! 先于麦哲伦穿越"麦哲伦海峡",开辟世界环球航程的第一人也是中国人郑和! 第一个绕过好望角的不是达·伽马,而是中国的船队!

屹立在长乐市郊的郑和雕塑

他是在研究威尼斯制图家匹兹加诺绘制于 1424 年的一幅海图时获得这一意外发现的。因为他发现了另一幅比匹兹加诺海图更丰富、更具体、更完美且标有中国舢板、地名与航线标识的海图。这表明曾有更高文明层次的航海家做过环球航行。要完成如此宏伟之旅的航海家,必须来自一个具有相当政治威力、经济实力、科技能力和航海经验的国度。就当时世界范围来看,非中国莫属。孟席斯把这一成果写成《1421:中国发现世界》一书。他之所以截取并放大 1421 年,是因为这一年是郑和第六次下西洋的时间。

风光的开始，悲剧的结局

↑《瑞应麒麟图》中国明代儒林郎翰林院修撰沈度作于永乐十二年，描绘1414年郑和下西洋时榜葛剌国进贡的麒麟。

一切在意料之外，一切也在意料之中。郑和的7次远航把中国带进了世界，船队"遍历诸番国，宣天子诏"；也把世界带进了中国，"诸国使者，随和朝见"者无数。作为7次远航结晶的《郑和航海图》与《过洋牵星图》，为"天朝上国"的臣民沿着郑和的航线远到西亚、非洲提供了可能。而郑和助手马欢、费信、巩珍所写的《瀛涯胜览》《星槎胜览》《西洋番国志》详细记载的所到各国的物产、贸易、风俗，则为"天朝上国"的臣民了解西洋各国的情况提供了参考。郑和七下西洋极大地刺激了明代的臣民寻求海外的热情，《三宝太监西洋记》《转运汉巧遇洞庭红》等海外历险的故事成为人所共知的话本。在郑和张开的帆下，一贯"唯此为大"的"天朝上国"本可以走出国门融入世界，有着悠久传统的中华文明本可以获得再度辉煌的契机。然而令人遗憾的是这600年前呈现在茫茫大海上的壮观景象仅仅持续不到30年，便随着郑和的去世而结束。宣德之后，明朝统治者经营海洋的意识淡薄，实行严厉的"海禁"政策，令"寸板不许下海"、"片帆不得出海"，沉湎在"天朝上国"的梦幻和自我安慰之中，从此中国失去了这次难得的历史发展机遇。也正因如此，东方和西方的发展方向，从此开始分道扬镳。

郑和之死这是大自然的法则，郑和不应有恨；何况他有七下西洋的丰功伟绩，他当死而无憾。但遗憾的是，"天朝上国"的后继者们并没有沿着郑和开辟的航道，永远张开通向世界的风帆。恰恰相反，他们关上了国门，落下了这道希望之帆。据明小说家、戏曲家冯梦龙在《智囊》一书中记载：明英宗天顺年间，英宗皇帝好玩奇宝，有宦官出主意说，30年前宣德年间曾派遣三宝太监出使西洋，获得无数珍奇宝玩。于是英宗就命宦官到兵部查找郑和当年到西洋的海上路线图。兵部侍郎刘大夏得知，就把有关郑和航海的资料找出，偷偷藏去并烧毁。兵部官员甚至焚烧了郑和浩浩荡荡满挂

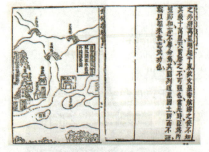

↑《郑和航海图》（原名《自宝船厂开船从龙江关出水直抵外国诸番图》）第一页

荣耀的船帆、苦心经营多年的造船厂。一代先行者耗尽心智的造船图纸、航海日志、航海资料还有他们历尽艰辛开辟的航路就这样葬送在火海。从此一个民族的航船就此搁浅了几百年！"天朝上国"在它的余晖消尽以后，最终没落了。这是郑和的遗憾，也是我们至今仍然抱恨不已的事。

附 录

郑和七次下西洋时间表：

1405 年 7 月 11 日，满载着 2.7 万余人的庞大船队，从太仓刘家港出发。1407 年秋，郑和带回了爪哇等国的朝贡使节和数十船换回的异域珍品，完成首次航行。

1407 年下半年，郑和第二次出海。此次航行路线同前一次差不多，也是历时 2 年。

1409 年夏，郑和第三次统领船队出国。此次航行仍以东印度洋为中心，并在满剌加建立排栅城垣，盖了仓库，作为海上贸易的中转站。在从古里回航途中，郑和还在锡兰跟亚烈苦奈尔国王打了一仗，凯旋归来。

↑明英宗朱祁镇（1427—1464），是明朝的第六位皇帝。

1412 年 11 月，明成祖下达第四次航海命令。这一次，郑和船队继续往西，将东非沿海列入了航程之内，进一步扩大同海外各国的交往与贸易。此次航海时间较长，郑和于 1415 年回国，分遣船队 1 年后返回。

1417 年 5 月，郑和船队第五次出海远航，这次出海的主要任务是护送 19 国使臣回国，郑和船队到了东非沿海最南的地区。

1421 年 7 月，郑和船队六下西洋，护送 16 国使臣回国。郑和亲率的船队到达了东非海岸慢八撒(今肯尼亚的蒙巴萨港)、竹步(今索马里)等国，并在宝船上设宴招待各国宾朋，代表明成祖赐以丝、瓷、铁器等物品，1423 年返航时带回香料等珍品。

1431 年初，明宣宗继承祖父明成祖伟业和雄心，再次诏令郑和出海。第七次下西洋历时 3 年多，郑和船队走访了近 20 个国家，还派出随员特地到伊斯兰圣地麦加朝圣。

大事年表

1317 年	郑和出生在云南昆阳州（今昆明市晋宁县）宝山乡和代村一个世代信奉伊斯兰教的回族家庭里。
1385 年	郑和被明军俘虏,在南京被阉割。
1399 年	郑和参加了长达 4 年之久的"靖难之役"。
1402 年	朱棣登基当上了皇帝,郑和任内官监太监,相当于正四品。
1405 年	郑和率 208 艘船舶,搭载 2.7 万余名官兵始下西洋,先后 7 次。
1405—1407 年	第一次到达占城、暹罗、苏门答剌、锡兰、古里等。
1407—1409 年	第二次到达占城、爪哇、暹罗、渤泥、锡兰、古里等。
1409—1411 年	第三次到达占城、爪哇、满剌加、苏门答剌、古里、溜山、古巴里等。
1413—1415 年	第四次到达占城、爪哇、满剌加、锡兰、古里、忽鲁漠斯、木骨都束、麻林等。
1417—1419 年	第五次到达占城、爪哇、满剌加、锡兰、古里、麻林、忽鲁漠斯、沙里湾泥等。
1421—1422 年	第六次到达占城、暹罗、锡兰、古里、阿丹、柯枝、卜剌哇等。
1431—1433 年	第七次到达占城、苏门答剌、暹罗、锡兰、加异勒、古里、忽鲁漠斯、剌撒、木骨都束、竹步、天方等。

哥伦布

哥伦布（约 1451—1506），意大利航海家。生于意大利热那亚，卒于西班牙巴利亚多利德。一生从事航海活动。先后移居葡萄牙和西班牙。相信大地球形说，认为从欧洲西航可达东方的印度和中国。在西班牙国王支持下，先后 4 次出海远航（1492—1493 年，1493—1496 年，1498—1500 年，1502—1504 年），开辟了横渡大西洋到美洲的航路。先后到达巴哈马群岛、古巴、海地、多米尼加、特立尼达等岛。在帕里亚湾南岸首次登上美洲大陆。考察了中美洲洪都拉斯到达连湾 2 000 多千米的海岸线；认识了巴拿马地峡；发现和利用了大西洋低纬度吹东风、较高纬度吹西风的风向变化；证明了大地球形说的正确性；促进了旧大陆与新大陆的联系。他误认为到达的新大陆是印度，并称当地人为印第安人。

大航海时代

世界大探险家成功故事

↑ 传教士是向不信仰宗教的人们传播宗教的修道者。他们懂得各个国家的语言。一般传教士这个词是指基督教的宣教师。

500年前在世界上有这样一片海，它辽阔深邃，北部海域终年冰封，南部却炎热似火，洋面中间的部分是一块陆地。这个海就是当时欧洲人所认为的世界。这一时期，虽然陆地之间有江、河、湖、海等的隔离，往来不易。但是仍然有很多人奔走于各地，其中最常见的就是商人和传教士了。他们经过不同的地方，感受不同的风土人情，自然会颇有感触，不免会谈及他们旅途的见闻。

在众多见闻中最出名的要数威尼斯人马可·波罗的《马可·波罗游记》。但是，对于大多数人来说，这本书似乎是一本"奇迹之书"，只能当做是天方夜谭来看待。但是少数人却敏锐地发现了书中所描写的世界。

在这些人关注《马可·波罗游记》之后，奥斯曼帝国征服了近东，使得欧洲与亚洲之间的联系中断。欧洲人开始有了寻找新世界和新航道的念头，地理学开始重建。

当时，葡萄牙的船只活跃于海上，航海技术先进，成为第一个横渡大西洋的国家。但在西班牙，有一个人正要展开冒险，寻找"新世界"。他过人的胆识和临危不惧的性格，使他成功地越过了大西洋，发现了新大陆。他的诞生也是一个传奇式的谜。

↑ 哥伦布死后的遗体几经周折，最后安放在西班牙的塞维利亚大教堂。

出生之谜

在500多年前的5月20日，航海家、探险家克里斯多佛·哥伦布在西班牙巴利阿多利德永远地合上了眼睛，这位有着传奇经历的航海家画上了人生的句号。但是，哥伦布开启的航程却才刚刚开始，两个大陆，甚至整个世界的历史都因他改变；而500年后，后人关于哥伦布的功过是非，以及他的神秘身份，仍然没有定论。几乎所有的百科全书都这样记

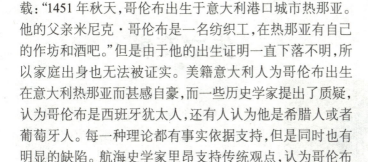

载："1451年秋天，哥伦布出生于意大利港口城市热那亚。他的父亲米尼克·哥伦布是一名纺织工，在热那亚有自己的作坊和酒吧。"但是由于他的出生证明一直下落不明，所以家庭出身也无法被证实。美籍意大利人为哥伦布出生在意大利热那亚而甚感自豪，而一些历史学家提出了质疑，认为哥伦布是西班牙犹太人，还有人认为他是希腊人或者葡萄牙人。每一种理论都有事实依据支持，但是同时也有明显的缺陷。航海史学家里昂支持传统观点，认为哥伦布是意大利人，其主要基于60份记录哥伦布家庭的文件。里昂说："我认为哥伦布来自热那亚的说法毫无疑问，其他的说法只是当地人想为自己的颜面贴金。"但是，这种被广泛接受的说法也有致命弱点，因为史学家从未发现任何哥伦布用意大利文书写的信件或日志，所有哥伦布亲笔书写的文字，包括随手笔记，全都是西班牙文。关于哥

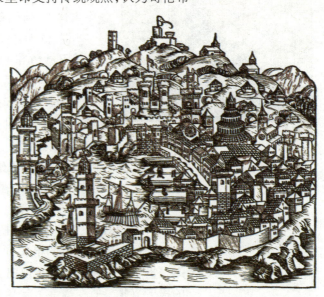

哥伦布的出生地意大利港口城市热那亚

伦布的身世为什么会成为谜，这恐怕要归咎于哥伦布自己。根据现有资料，伟大的哥伦布生前很少与人谈起他在1470年中期之前的生活，即使他的儿子也不知道父亲的童年生活是什么样的。好像他是在刻意地隐瞒着什么事情。有人据此猜测，可能哥伦布背后有着不想被人所知的秘密。也许我们可以用"英雄不问出处"这样的话来回避这个问题，但这样的回答显然无法让后人满意，几个世纪以来，各国学者们一直孜孜不倦地找寻着这位传奇人物的真正身份。

这个谜像哥伦布的签名一样，成为了被后世猜测了许多年的传奇。此外还有一些人却与美洲大陆失之交臂，这些人就是葡萄牙人。

世界大探险家成功故事

失之交臂

↑ 哥伦布画像

按照正常逻辑分析，发现美洲的应该是葡萄牙人。可能你会问为什么。但是，哥伦布可能不会问。因为，当时葡萄牙不论在国力还是局势上都是位于强国之列。在发现美洲这个事情上，他们有绝佳的机遇。

当时，欧洲强权不是忙于内战就是为边界和邻国开战争夺土地，或是忙于国内的权力纷争。就在我们后来将会提到的哥伦布到达葡萄牙的时候，葡萄牙国内也正在因为王位继承而打得不可开交——卡斯蒂利亚公主伊莎贝拉在父王约翰二世去世后，由国内贵族拥护，与葡萄牙国内的另一派交战。这场王位争夺战一直打到1479年才结束。结束战争的葡萄牙，虽然经历了长时间的战乱，但是国力却没有受太大影响。

到了1481年，葡萄牙国王阿方索五世去世，儿子若昂二世继位。若昂二世的祖父有"航海家亨利"的雅号，若昂二世在登基不久，就表现出了对远航非洲和天文地理的极大兴趣，他在继承了父亲王位的同时也继承了祖父的航海事业。在哥伦布到达葡萄牙以前的两年里，一个叫费尔南·高曼斯的水手，和阿方索五世签署过协议，1469年以来便在海上航行，到过几内亚湾内的费南多波岛。1475年起，黄金、胡椒和黑奴从加纳（这个当然是今天所说的加纳，当时还没有这个称呼）运到欧洲。1482年，加纳沿海建立了金矿要塞，早先那里只是普通的拓殖地，兼作人口贩卖和货物交易地。

1453年，奥斯曼土耳其帝国攻占君士坦丁堡，控制了由地中海通往中亚的海上交通，自此之后，欧洲人航海活动的焦点不再是转口贸易了。他们开始沿着非洲大陆航行，到达盛产香料的地方。或者说，他们想找一条不碰到土耳其人还能到达亚洲的路。

葡萄牙人早在15世纪就已经前往非洲西岸探险。但

↑ 阿方索五世（1396—1458年6月27日）、阿拉贡和西西里国王（1416—1458年在位），那不勒斯国王，他是第一个同时统治西西里和那不勒斯的西班牙君主。在获得那不勒斯王位后，他也被称为两西西里国王。

当他们发现，原本他们一直以为向东延伸的非洲海岸，在几内亚湾深处突然向西和向南折向时，他们心生疑怯，不知这片海岸会延伸到何处。

若昂二世召开了数学家委员会会议，想深入研究诸多航海疑惑。这个会议是由大主教主持的，参加会议的还有学者和星相学家。所有与会者都在研究讨论一个"权威"的观点：从亚里士多德到阿拉伯学者，从托勒密到萨克洛包各等人的天文地理观点。他们在会议中都产生了一个质疑——大西洋是"狭窄"的吗？欧亚大陆面积占地球表面的"180°"，还是更多一点？他们所说的"度"在海里又是如何计算的呢？讨论持续了很久，但是这些疑惑却一直没有什么结论。

🔼 西班牙王后伊莎贝拉画像

在里斯本，研究和讨论的气氛始终非常热烈。哥伦布就是正好置身在这个环境中，很快就接受了"向西航行可以到亚洲"的说法。哥伦布西行的计划就从这里开始了。而这一计划的最终实施却注定了葡萄牙人与发现新大陆的壮举失之交臂。

西行计划

哥伦布没有受到过多少正规教育，但他从小就对航海和来往于地中海之上的商船产生了浓厚的兴趣，经常随船参加航行。在哥伦布25岁那年，也就是1476年，满头红发、身材高大的哥伦布跟随5艘满载货物的商船航行到佛兰德和英格兰去销售货物，当这支船队通过了直布罗陀海峡，由地中海驶入大西洋时，被一支由13艘海盗船组成的船队截住。战斗中哥伦布所乘的那只船沉没了，为了逃生，哥伦布跳进海里，最后游到了葡萄牙，从此开始了他人生新的转折点。哥伦布认为他能大难不死且到达了葡萄牙都是上帝对他所做的安排。

在葡萄牙这一"探险者"的国度里，哥伦布学到了很多的航海知识，如使用罗盘、海图和各种新航海仪器，还学会了通过观看太阳、星星的位置来确定船只位置的方法，而且他还跟随船队参加了很多次远洋航行。有一次，哥伦布

🔼 1500年，德·拉·科沙绘制了第一幅世界地图。在图里可看到陆块、岛屿以及想象中的陌生部族。

世界大探险家成功故事

获得了一个航行到冰岛的机会,他到达冰岛后又继续航行了160千米,这很大程度地影响了哥伦布后来西航的志向。但对他有更大感召力的可能是关于北欧海盗的故事。北欧海盗原意是"居住在海湾的人",由于北欧海盗的原字是Vikings,所以许多书上也译作"维京人"。公元1000年前后,由冰岛人莱夫·艾列克逊带领的一批人乘船从格陵兰出海,到达了北美海岸。由于他们在那里发现一种很像葡萄的藤科植物,就把这儿称为"酒的土地",音译就是"汶兰",现在的圣劳伦斯河的河口一带可能就是那时"汶兰"一带。

对于许多人只当故事听的艾列克逊探险到汶兰一事,哥伦布却深信不疑。他坚信向西横跨大西洋可以到达陆地,并且认为"汶兰"就是东亚的某一国家。从一些传闻中,哥伦布更坚定了他的想法。那就是在连续刮强西风的时候,海上有时漂来一些尸体,这些尸体既非欧洲人也不是非洲人。对此,哥伦布认为那就是居住在大洋对面的亚洲人的尸体。

除了哥伦布认为自己是上帝选定的发现"新天地"的使者外,更重要的是古希腊学者波昔多尼指出的大地球形说以及中世纪思想家培根关于地球概念的影响,这一切都促使他去冒险。青年时代的哥伦布还十分推崇曾在热那亚坐过监狱的马可·波罗,他读过《马可·波罗游记》,并对此书做了深入研究。至今一部拉丁文的《马可·波罗游记》还保存在坐落于西班牙塞维尔的哥伦布纪念馆中,书上还保存着哥伦布的许多眉批。哥伦布喜欢读这本书的缘故不仅是此书像《天方夜谭》一样有趣,更是由于这本书合乎他的理想。他对书中描写的地方非常仰慕,他仰慕中国和印度的金银珠宝,但最使他欣羡不已的是书中对日本的描述。没有到达日本的马可·波罗根据传闻写了关于日本的几章。根据他的记述,日本位于距中国海岸2400千米的海上,国内有取之不尽的黄金。但是,因为国王不允许输出黄金,所以到那里做生意的商人很少。在那个充满黄金的日本国里,

公元前500年前后,古希腊数学家毕达哥拉斯和他的弟子们,首先提出了大地是球形的设想。过了100多年,古希腊著名的科学家、哲学家亚里士多德才第一次对大地是球形作出了论证。15、16世纪的地理大发现,特别是1519—1521年,麦哲伦率领的一支船队,环绕地球航行一周成功,这为大地是球形的提供了有力证据。

用黄金盖成了国王的宫殿，在宫中用4厘米厚的金砖铺起了道路以及房间的地板，甚至用金子做窗户框。并且在那里到处都能采集到玫瑰色的珍珠，人们要把一颗珍珠放在土葬时死人的嘴里。为此哥伦布处心积虑地要闯出一条抢先到达东方的航路。1474年在哥伦布从故乡意大利写给著名的天文学家兼地理学家托斯康内利的信中，他就曾询问过从海上到达印度的最短航线。这位学者指出："通过大西洋到达黄金和香料的王国是一条比葡萄牙人所发现的沿非洲西海岸的道路更短的途径。"随信还给他寄来了一幅示意图，并且对路程进行了推算。之后哥伦布又根据《旧约》经外书中的记载对地球的大小做了比托斯康内利的估计小得多的判断。哥伦布认为欧、亚、非3个大陆的面积占地球总面积的6/7，而海洋只有1/7。在把这些著作进行过综合研究之后，哥伦布得出结论：整个地球经度为360°，从西非往东到达广阔的亚洲陆地占280°，从西非向西到东亚岸边的海洋占不到80°。这里，我们知道哥伦布又犯了一个错误，由于托勒密的《地理学》译文中的"海里"是阿拉伯的计量单位，而哥伦布未经换算成欧洲的"海里"就进行了计算，这样，如果由加纳利群岛向正西航行6400千米的话，那么就可以到达中国、日本和印度了。

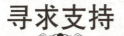

寻求支持

哥伦布经过以上推想，认为葡萄牙的亨利王子和他的后继者采取沿非洲海岸南航的计划是不足取的。可是，由于哥伦布自己没有亨利王子那样的条件来实施自己的计划，所以，他只有把希望寄托于裘安王子身上，当时葡萄牙的航海事业正是由裘安王子掌管的。但是，哥伦布出身低微，没有求见王子的机会。哥伦布却凭自己英俊潇洒，在里斯本常到贵族女儿们住的修道院做礼拜，获得了一位大家小姐的垂青，不久他们就结婚了。凭着这一婚姻才使哥伦布得以同王室接近。1478年，他向裘安王子兜售自己的计划时，也许是害怕他的计划被别人窃取而隐瞒了关键部分，加上他平时爱说大话无人信任和要价太高：除了一年

世界大探险家成功故事

⬆ 哥伦布没有留下任何肖像，因此也无真实肖像可言，当我们比较所有的哥伦布画像时可以看出这些画像都带有想象色彩。

⬇ 亨利王子（1394—1460），葡萄牙国王若昂一世的第三个儿子，葡萄牙亲王。因设立航海学校奖励航海事业而被称为"航海者"。

世界大探险家成功故事

哥伦布西行航线的计划得到了西班牙国王和王后同意,上图是国王和王后接见哥伦布的场景。

用的粮食、三艘船、船员外,他要求封他为骑士,并且担任新发现地方的总督和分得该地一切财富的1/10,所以没人相信。

1482年,裘安王子当上国王后曾召开学者评价会来审查哥伦布的计划,最后还是被否决了。3年后,哥伦布的妻子死去,他就带着独生子离开葡萄牙来到了建立不久的西班牙王国。由于害怕哥伦布的计划被别国采纳抢先到达印度,裘安二世曾下令召回哥伦布,但遭到拒绝。

哥伦布到西班牙后就开始活动,想从西班牙国王菲迪南德和皇后伊莎贝拉那里得到支持。1486年5月,国王和皇后终于召见了他。他的忠厚、自信以及丰富的地理知识给国王和皇后留下了很好的印象。此时西班牙很想在开辟东印度群岛航路的竞争中击败葡萄牙,所以对哥伦布的计划很支持,并责成一个由海员和学者组成的委员会进行研究。遗憾的是委员会办事拖拉,到1488年还未做出任何决定,等得不耐烦的哥伦布又回到了里斯本,试图从国王约翰那里得到支持。可是,当时葡萄牙航海家巴托洛门·迪亚斯已经绕过非洲南端的好望角后胜利归来。这样国王约翰认为,东行到达亚洲的航路已通,于是对哥伦布的计划失去了兴趣。

尽管哥伦布又向英国和法国国王提出了建议,但都失败了。毫无办法的他,只好等待西班牙的那个委员会的决定了。1490年,哥伦布不切实际的断言终于被西班牙皇家顾问们否决,但皇后仍然对此抱有信心。1491年新任命的委员会终于通过了哥伦布的探险计划。此时,哥伦布的计划从向西班牙王室提出到被采纳已经整整经过了5个年头。

成功的首航

1492年8月初,一个被大多数人认为很不切合实际的计划即将开始,哥伦布在历经了贫困、失意、轻视和嘲弄之后，他决定不再轻易放弃自己的信念，他坚信自己注定要做现实生活中别人认为不可能成功的事业。哥伦布走的是一条从未有人尝试过的航线。

出海的一切准备就绪。一支将在大洋上航行的最赫赫有名的船队停泊在西班牙西南的一个小海港帕洛斯港中。它包括哥伦布的旗舰"圣玛丽亚"号和两艘轻快帆船"平塔"号和"尼娜"号。三艘船大小各不相同，在船上装有大炮、与当地土著居民做交易的物品以及6个月的粮食和其他食品。除此之外，对哥伦布来说，还要有足够的水手才行。幸运的是哥伦布在帕洛斯有一位对他来说很重要的伙伴——马丁·阿隆索·平松，他是一个航海业家族的首领，曾经多次航行到达几内亚、加纳利群岛等地，他拥有自己的船只，平松想要的是金钱和荣誉，他的愿望在哥伦布的这一行动中都能得到，因此他很支持哥伦布的事业。

有了平松的支持，哥伦布在招募船员方面没有太大问题，最后总计的船员包括自己是90名，这些船员差不多都是和平松一起工作过。除此之外，船上还有3个外科医生，一个执法官，还有一名懂阿拉伯语的语言学家，这位语言

▲ 哥伦布正在招募船员。

▶ 即将远航的哥伦布与国王、王后道别。

⬆ 大西洋海军元帅哥伦布的纹章，西班牙王室颁发，1503 年出自《权贵列传》，西班牙塞维尔印度档案馆藏。

学家是打算在会见中国大汗时充当翻译的，因为在那时人们认为所有语言的母语都是阿拉伯语。

1492 年 8 月 3 日，哥伦布率领船队起锚出海了。那时没有一点风，船帆无力地悬垂着，船队缓缓地趁着落潮沿着廷托河慢慢驶出。整个探险队只有哥伦布一个人确信这次航行能够顺利完成，他还很自信这次远航的成功会给菲迪南德和伊莎贝拉带回一个丰厚的海外帝国，也将给自己带来无法形容的荣华富贵和不尽荣耀。哥伦布怀里还揣着由菲迪南德和伊莎贝拉写给大汗的介绍信。

船队顺着偏东风日夜不停地航行着，有时一昼夜可以向西航行 240 千米。可是日复一日，总是那空无一物的海面展现在人们面前。船员们过着单调的海上生活。从早到晚，船童每隔 30 分钟报告一次根据沙漏得到的时间。船员每隔 4 小时换一次班，由于在 15 世纪后期的小船上，只有船长和一两名高级官员才有享受舒适的船舱和卧铺的权利，所以不当班的船员只有懒洋洋地躺在甲板上闲聊，或缩在阴凉处好好地睡上一觉。

探险队艰难地航行了两个月，实际的航行早已超出哥伦布所预计的到达日期，他开始抱有疑虑了，而更糟糕的是那些从开始就持有怀疑态度的水手们早已躁动不安。船员们开始抱怨他们的这次航行以及使他们陷入困境的那个人，有几个海员要把哥伦布扔到大海里后再返航回去。

10 月 8 日前后，船员们在"圣玛丽亚"号上开了一次船长会议，大部分官员都反对朝着一个不可知的地方再做进一步的冒险，只有哥伦布坚定如初地说："抱怨是毫无用处的，既然已经下定决心到达印度，就该不停地航行，直到遵循上帝的意志到达目的地。"

大家的意见无法统一，哥伦布只好让步，答应他们在几天后要是还看不到有陆地的迹象就下令返航。当天傍晚，"平塔"号的船员高喊在前面看到了陆地，另外船上的船员也跟着爬上了桅杆，一个海岛在海天相接之处隐约可见。哥伦布激动不已，跪在地上感谢上帝，并且命令全体船员唱起了对上帝的颂歌。可是他们发现的海岛在第二天却无影无踪了，原来他们是把低垂的雷雨云误认为是陆地

⬆ 仿制哥伦布的 "圣玛丽亚"号

了。大伙又陷入极度的恐慌中。

　　不过失望的情绪并没持续太久，10月11日，海浪送来了一根有树叶的枝条，一根开满花朵的树枝和一块好像人工砍凿过的木头……这些迹象表明陆地已临近。哥伦布在日落时带着船员唱起了祝福歌。晚上，船上点起了明火，把灯笼悬挂在船尾，这样可以保证各船不会失散。晚上7点，在海浪汹涌的夜色中，船队依然颠簸在月光闪烁下的浪头上。各船船长都凝神搜索着西边远处的洋面，或在甲板上紧张地来回踱着。凌晨2点钟，"平塔"号的一个船员突然高呼道："陆地！陆地！"船长平松确定之后，随即命令船上的火枪开火，这是他们预定的发现陆地时的信号。

　　听到枪声后的水手们拥上甲板，欢呼雀跃，甚至跪下来泪流满面地感谢上帝。哥伦布抑制住激动的心情，谨慎地命令舰队不要靠近月光下闪闪发光的沙滩，直到天渐渐地亮了，船员们才看清海岸边全都是些危险的珊瑚礁，根本无法登陆。中午前后，一个适合于登陆的平静海湾被发现，不耐烦的欧洲人终于登陆上岸。所有的人都在大喊大叫，哥伦布在官员的簇拥之下，跪下亲吻新大陆的泥土，将一面西班牙国旗和一面带有绿色十字的探险队队旗插在沙滩上，并正式宣布这个岛和周围地区以及生活在这里的人民归西班牙所属，这个岛被命名为圣萨尔瓦多，意思是"神圣的拯救者"。岛上的土著在远处望着这奇怪的仪式，

世界大探险家成功故事

▲哥伦布发现新大陆。

有些人还是忍不住好奇心，逐渐地靠近这些白人。哥伦布也同样对这些人感到很惊奇，他发现他们如同刚出生的婴儿一样赤身裸体，甚至女人也是如此。哥伦布认为自己已到达了印度，所以称这些人为"印度人"或"印第安人"。

　　尽管由于发现新陆地而显得激动，但圣萨瓦尔多岛穷得很令他们失望。哥伦布没有泄气，因为他坚信某些神奇的东西，黄金做屋顶的宫殿就在附近。船队又继续寻找盛产黄金的地方。他们在被俘虏的印

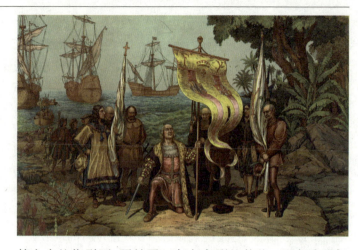

➡哥伦布登上圣萨尔瓦多时的情景。

第安人的指引下,开始了一条之字形的航线。这条路线把他们带到了一些岛屿,这些岛民态度很友好,他们都像从圣萨尔瓦多岛来的向导们一样,向哥伦布保证在下一个岛上就能发现黄金。哥伦布仍未气馁,他坚信他们所找的黄金就在附近。那位带来的阿拉伯语言学家在这里毫无用武之地。哥伦布他们只能依靠手势和符号与当地人交流。然而,他们寻遍了巴哈马群岛,也没有找到很多黄金,因而根据印第安人的传闻他们又继续向南方去寻找一个更大的叫古巴的海岛。这里向东风景十分秀美,到处可见巍峨的青山,可是,在那里,他们同样没有找到什么商船和黄金屋顶的宫殿,所见到的只是一些独木舟和一些由圆形小屋组成的村落。

沿古巴北岸航行了5个星期,船队仍旧没有找到黄金。途中,船队失去了平松和"平塔"号,因为平松听信当地人的传言擅自决定要对一个岛进行调查。这个岛印第安人称为"巴比库",据说这个岛的居民在夜里聚在海滩上借着烛光把黄金捶打成金条。哥伦布对平松的失踪很生气,也没有去寻找。

12月20日,船队在四周环山的阿库尔湾下锚。友好的当地居民将一些黄金饰物献给了他们。还将一件嵌金的精绣棉布作为礼物送给了哥伦布,这是在东边几英里外的一个部落酋长特意送来的,因此哥伦布决定马上回访。途中,"圣玛丽亚"号不幸触礁。哥伦布从这位酋长那里得知在内地有一个黄金十分丰富的叫锡瓦奥岛的地方。锡

⬆印第安人,又称美洲原住民,是除因纽特人外的所有美洲土著居民的总称。哥伦布航行至美洲时,误以为所到之处为印度,因此将此地的土著居民称作"indians"。

瓦奥岛又被哥伦布误解为可能是日本国的误读,因此他更认为无尽的宝藏终于在这个岛上被发现了,也更相信这个岛就是位于中国东边海上的日本国。他们在岸上修了一个寨堡,木料来自于"圣玛丽亚"号的残骸,命名为纳维达德,西班牙语的意思就是"圣诞节"。岛上的居民们帮助欧洲人将"圣玛丽亚"号船上的所有食物和生活用品转移到了"尼娜"号上。他们的善良打动了哥伦布,在他们的帮助下,甚至连一根绳索都没有丢失。而这场灾难意味着探险的结束。因为哥伦布不可能用他仅有的一条船去冒任何险。

1493年1月2日,哥伦布举行了一个告别聚会。两天后"尼娜"号向着西班牙起航了。作为在这新大陆上的第一次殖民活动,哥伦布留下40人开采锡瓦奥岛的金矿。随后,他们带着从岛上弄到的各种特产、大量的黄金以及那6个印第安人作为这次发现的物证,于1493年1月4日起锚开始了返回西班牙的漫长航程。

两天后,哥伦布的"尼娜"号又和正贴岸向西航行的"平塔"号重新会合。平松解释说与船队分开后他就迷了路,并为自己的任性道歉。哥伦布很高兴能有个伙伴,并且万一一艘船有灾祸发生时还可以有另一艘船用,于是就原谅了他。

1493年5月15日,"尼娜"号终于到达帕洛斯,几天后,"平塔"号也相继到达。平松早在两周之前到达了西

与土著人对换物品的情景

班牙的另一港口,他捎话给菲迪南德和伊丽贝拉说他希望拜见他们,然而遭到了国王和王后的拒绝。国王和王后拒绝了他窃取哥伦布头功的企图,命令等候总船长的到来。闷闷不乐的平松把船开到了帕洛斯,然后直接回家,一个月内就死去了。

哥伦布作为西班牙最崇高的英雄上岸了,他的那封书信复印件早已通过陆路送到了皇宫,有关他发现的消息已被广为流传。

国王和王后赐予哥伦布很高的荣誉,实现了他们事先

哥伦布航行归来带回的印第安人和部分金银面见国王时的情景

许给哥伦布的各种诺言。哥伦布在日志中的最后记录反映了他击败所有曾怀疑过他的人之后的感觉："哥伦布到皇宫去的旅行是一次胜利的凯旋。乡下人和贵族们都倾城而出观看由勇敢的冒险者、雇用的仆人们抬着黄金及琥珀等物品跟在哥伦布及其船员的身后。在巴塞罗那皇宫的庭院里，当哥伦布进去时，贵族们一齐站起身来，这通常是给予国内最重要的最高贵族的一种荣誉。在宫内的大厅里，让哥伦布坐在王后的右边。晚上共进晚宴，哥伦布被赐予具有皇族血统的人的待遇。"

国王和王后有充分的理由如此表示感谢，因为他给西班牙提供了一条属于自己的通往东方的航海路线，取得了与葡萄牙人平等的地位。他的发现引发了两国之间一场外交上的争论，每一个国家都希望获得对自己贸易航海路线独有的控制权，最终他们达成协议：沿大西洋划一条设想线，此线以西所有未被发现的土地属于西班牙，而线以东则属于葡萄牙。

第二次远征

哥伦布返回后不久，急于想占有所发现的土地和财富的国王和皇后命令哥伦布马上返航回锡瓦奥岛。就这样，一支包括 17 艘船和 1 200 名船员的庞大船队，在不到 5 个月的时间内就组建完成了。这次殖民远征在当时欧洲派出去的远征中要算是规模最大的一次。哥伦布把自己的弟弟迪戈也带上做他的助手。本次远征的目的是要哥伦布在那里建一个永久殖民地，使当地土著人归顺，还要搞明白古巴是否真的是亚洲的一部分。

哥伦布船队登上圣萨尔瓦多岛的情景。

1493年9月25日,船队在喇叭的伴奏下,堂皇地从良港加的斯出发了。为了找到印第安人提示的位于锡瓦奥岛东南方的一些大岛,此次航向定得比上次更靠南了一些。11月22日,船队通过了莫纳海峡,到达了船队上次登陆的地方——锡瓦奥岛。然而他们发现此次印第安居民已不像上次那样对他们友好,他们用"圣玛丽亚"号做成的寨堡也已被夷为平地,在这里留守的人也没见了踪影。一年前哥伦布在这里结识的好友关喀纳加酋长告诉哥伦布,当他的帆船刚刚驶离海岛时,留下的40名船员们就开始你争我斗,他们抢夺的战利品无非两样:印第安女人和黄金。有些人霸占多名当地妇女当小妾,更多的人在岛上肆意抢掠。争斗最后发展到两名海员在搏斗中把对方杀死。后来,一支11人的探险小队前往该岛另一端的"金矿地区"寻找金矿,但是迎接他们的印第安部族显然没有先前遇见的那样温和,11名海员全部被杀。就这样,欧洲人的第一个殖民地因为殖民者的贪婪而自取灭亡。

为了报复印第安人,随船的传教士要求哥伦布将关喀纳加酋长处死,但哥伦布拒绝这样做,显然,他不愿失去在这个新世界的第一位,或许也是最后一位朋友。不过他也不愿意就此放弃自己的黄金梦,船队向岛的另一端行进,在靠近金矿的地区建造了以女皇名字命名的伊莎贝拉堡,哥伦布还将自己的石屋住所命名为"王宫",期待有朝一日迎接西班牙王室。

之后,哥伦布让弟弟留下来统治殖民地,自己则继续在古巴和牙买加寻找黄金城。1494年,哥伦布派一艘船将此次冒险的第一批"战利品"运回西班牙,其中包括所有从印第安人手中夺来的黄金,还有首批奴隶。第二批载有550名奴隶的船在1495年出发,最后只有350人活

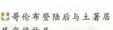

哥伦布登陆后与土著居民交换物品。

着到了西班牙。

5个月后哥伦布又返回伊莎贝拉堡，此时他发现刚建立不久的新殖民地又是一片混乱。成帮结队的西班牙人在岛上来回游逛，不时地吓唬当地土著人，偷窃他们的黄金，抓人做苦役，因此一场公开的战争不久就爆发了，由于情势所逼，哥伦布也不得不率军队参战，对土著人进行屠杀。从1492年开始的50年中，伊斯帕尼奥拉岛上的几十万土著人几乎被灭绝。

由于有人控告哥伦布管理不力，刚愎自用，一个西班牙检察官于1495年10月来视察了这个殖民地。1496年3月，哥伦布不得不离开伊莎贝拉回到西班牙替自己辩白。30个印第安人及250个感到失望的殖民者也随着哥伦布的两只小船回西班牙，因为船小人多，再加上一路上的饥饿，当6月11日他们踏着艰难的步履走下舷梯时，这些面黄肌瘦的人都已几乎成为骷髅了。

新航路的开辟，使各个国家之间的文化交流变得频繁，促进了全球性的商业发展。但也沉重地打击了古老的印第安文明，印第安文明的发展遭到毁灭性的破坏。

第三次远征

哥伦布抵达西班牙后前去拜见国王和王后，他发现菲迪南德和伊莎贝拉不像以前那样对他表示称赞和感谢。可能是因为哥伦布的固执、自作主张和他的傲慢自大令国王和王后不快。况且他还没有兑现之前对国王和王后要承诺的带回来他们意想不到的黄金和香料，等等。最初就不相信哥伦布所说计划的那些朝臣们现在更是冷嘲热讽，说哥伦布是个"蚊子统帅"，他发现的那些地方都是一些废墟，或者是一些什么墓穴之类的。这样一来，在朝廷上，国王和王后觉得就是有了这样的航海事业又有什么用呢？发现了这么多的岛屿但没有

像他所说的那样可以得到很多黄金，这样又有什么意义呢？所有的人都开始对哥伦布的航海事业感到失望。

冷嘲热讽对哥伦布是很大的打击，他看起来非常憔悴，做事瞻前顾后，对自己缺乏信心，总是长时间地陷入沉默当中。不过哥伦布又急于着手探索南大陆，尤其是他很相信古代学者们说的南方地区更有希望发现黄金。于是他又组织了一

"海军元帅说，他前一天去黄金地时，看到三条美人鱼跃出海面。但她们不像传说中那样美，她们的脸长得一点也不像人。"

支队伍，可这次没有上次那样轰轰烈烈，耀武扬威。这次航行的主要目的只是给伊斯帕尼奥拉岛输送供应品和人员，不过哥伦布还是打算去发现新土地，上次已发现的诸海岛更是他探索的目标。

哥伦布的船队于1498年5月3日起航，到达加那利群岛后，只有3只船仍向锡瓦奥岛开进，另外的船在哥伦布的带领下改向西南方向朝佛得角开进，这是比历次航行都更为偏南的方向。

7月31日，船队到达一个大岛的西南角，那里的地平线上高耸着三座山峰。据此哥伦布将它们命名为"特立尼达"。第二天，在海天相接的南边，另一个海岛模糊的影子又显现了出来，其实哥伦布看到的陆地就是南美洲，哥伦布和几名船员在半岛顶端上岸，这标志着欧洲人首次踏上了南美大陆。可哥伦布并不认为这一时刻有多么重大的意义，在他看来只不过是又发现了一个岛屿。

在岛上侦察了几天，船员回来报告说发现了4条河道，这实际上是现在的奥里诺科河注入大洋的一些支流。想入非非的哥伦布竟把这里当成了伊甸园，而发现的河也成了天堂的4条

哥伦布正在分配船只任务。

河。在那个时代这也不足为怪,当时的许多学者都认为在亚洲东南的某个地方坐落着地上的天堂。

1498年8月31日,哥伦布的船队回到了在锡瓦奥岛上由他的另一个兄弟建立的首府圣多明各。到达时,这里的情况也是一团糟。虽然哥伦布想在之后的两年中整顿这个殖民城市的秩序,可是,西班牙国王却把他当做一个无能的总督(尽管另一方面他是一个优秀的将军),因此派来了一个钦定的专员顶替了他的总督职务。这个刚刚到任的专员在没收了他的黄金、房产和文件之后,就把哥伦布戴上锁链押回西班牙问罪了。一回到里斯本,国王菲迪南德和王后就马上释放了他,并且把他召入宫中,解释说拘禁他并不是出于他们的本意。

最后的旅程

在几个月后恢复了尊严的哥伦布已是一个50多岁的老人了,而且视力减退,身患关节炎,虽然这样,1502年初,他又一次请求国王让他去探险并得到国王的准许。

5月1日,一支由4艘轻快帆船组成的船队在哥伦布率领下又从加的斯港出发了。这次哥伦布计划从中国(其实是古巴)南部海岸和他所发现的地上天堂(其实是南美洲)中间穿过,目的地是印度,再从世界的另一边回西班牙。

哥伦布称最后一次航行为"崇高的旅程"。这次的船员多数是年龄在12～18岁之间的年轻人,其中还包括哥伦布12岁的儿子费尔南多。他们对这位统帅感到陌生和疏远。哥伦布宣称他依靠神的旨意航行。

他们用21天的时间到达马提尼克岛,这是哥伦布横渡大西洋所用时间最短的一次。海洋上的航行,使他的4条船只剩了两条,一条在和印第安人交战后不得不扔掉,还有一条是在去锡瓦奥岛的途中沉没。1503年6月25日,哥伦布命令这两条船在牙买加南海岸的一片海滩搁浅。

⚓ 哥伦布的最后的一次远航依然是无功而返。

哥伦布和他的 115 名船员在岸上呆了一年多等候援救。他们最终用聪明和才智度过了那段时光。终于在 1504 年 6 月,迭戈·德斯和巴托洛梅·伊斯奇英勇地划独木船航行了约 200 千米找到了救援。

哥伦布归来时,伊莎贝拉正在弥留之际,并于几周后死去。哥伦布不断向国王请求为他的子孙后代恢复其权利和特权,让国王感到很气愤,不再跟他来往。虽然哥伦布得到锡瓦奥岛的黄金使他相当富有,但他不能忘记所有被人骗走了的东西,他孤独而且痛苦,几乎不能走动。哥伦布最后的日子是在塞维利亚、塞哥维亚、巴黎亚多利德等地租住的房子里度过的,多年来有着一个梦想支撑着他,那就是组建一支十字军去解放他的"圣地"。

⬆ 哥伦布的逝世

1506 年 5 月 20 日,哥伦布在巴黎亚多利德死去。他的死根本不被人所注意,只有几个人参加了葬礼。为了给这位无畏的探索家的遗骨找到一块合适的墓地——圣多明各大教堂,他的遗体被挪动了好几次,直到几个世纪后,哥伦布才获得和他的伟大成就相称的声望。

后 记

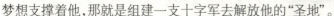

1506 年 5 月 20 日,哥伦布与世长辞。直到死时,他还一直认为自己到过的地方就是亚洲。后来,一个叫做亚美利哥的意大利学者,经过更多的考察,才知道哥伦布到达的这些地方不是印度,而是一个原来不为人知的新大陆。哥伦布发现了新大陆,但是,这块大陆却用证实它是新大陆的人的名字命名:亚美利加洲,简称美洲。后来,对于谁最早发现美洲不断出现各种微词。哥伦布发现新大陆的结论是不容置疑的。这是因为,当时,欧洲乃至亚洲、非洲整个旧大陆的人们确实不知大西洋彼岸有此大陆。至于谁最先到达美洲,则是另外的问题,因为美洲土著居民本身就是远古时期从亚洲迁徙过去的。中国、大洋洲的先民航海到达美洲也是极为可能的,但这些都不能改变哥伦布发现新大陆的事实。

⬆ 德国不莱梅港的哥伦布雕像

大 事 年 表

1451 年　　哥伦布出生于意大利港口城市热那亚。

1476 年　　哥伦布加入了一支法国的船队。

1478 年　　他向裘安王子兜售自己的计划。

1482 年　　裘安王子当上国王后曾召开学者评价会来审查哥伦布的计
　　　　　　划,最后还是否决了该计划。

1492 年　　 8 月 3 日,哥伦布受西班牙国王派遣,带着给印度君主和中
　　　　　　国皇帝的国书,率领 3 艘百十来吨的帆船,从西班牙巴罗斯
　　　　　　港扬帆出大西洋,向正西驶去。

1492 年　　10 月 12 日凌晨终于发现美洲加勒比海中的巴哈马群岛,他
　　　　　　当时将它命名为圣萨尔瓦多。

1493 年　　3 月 15 日,哥伦布回到西班牙。

1493 年　　9 月 25 日,哥伦布第二次航行。

1498 年　　5 月 3 日哥伦布第三次远航。

1502 年　　最后一次航海探险。他们用 21 天的时间到大马提尼克岛,
　　　　　　这是哥伦布横渡大西洋所用时最短的一次。

1503 年　　6 月 25 日,哥伦布命令这两条船在牙买加南海岸的一片海滩
　　　　　　搁浅。

1504 年　　6 月,迭戈·德斯和巴托洛梅·伊斯奇英勇地划独木船航行
　　　　　　了约 200 千米找到了救援。

1506 年　　5 月 20 日,哥伦布与世长辞。直到死他还一直认为自己到过
　　　　　　的地方就是亚洲。

达·伽马

瓦斯科·达·伽马（约1469—1524年）这位葡萄牙航海船长，是第1个从海上去印度游历的欧洲人。1497年7月，达·伽马奉葡萄牙国王曼努埃尔之命，率船四艘和船员百余名，去寻找通往印度的海上航线。他们从里斯本出发，绕过非洲最南端的好望角前往印度。

达·伽马为葡萄牙掠夺的东方珍品所得的纯利竟超过第一次航行总费用的60倍以上。达·伽马因此被封为维迪奎埃拉伯爵。然而葡萄牙的殖民侵略，受到东方人民的顽强抵抗。为控制局面，国王约翰第三次派达·伽马于1524年9月去印度，并任命为印度总督。然而他力不从心，同年12月底病死于印度的柯钦。

瞭望海边的国度

在 15 世纪初,当规模庞大的郑和船队将东方海上贸易推向高潮之时,欧洲海上贸易区域亦开始由地中海向大西洋延伸。之后,郑和下西洋因种种原因而无以为继,中国海外贸易开始全面收缩,而西欧则在社会经济和航海体制等方面孕育着进一步走向世界的活力,并终于在世纪之末掀起了打通世界航线的航海高潮。

14 世纪,在地中海沿岸的若干城市,开始出现商业资本主义的萌芽,商品货币关系逐渐深入到每个社会成员的生活之中,资本原始积累在西欧主要国家相继展开,西欧社会掀起了一股强烈的"黄金热"。同时,西欧的国际贸易重心也开始由地中海转向大西洋。14世纪以来,西欧各国之间以及西欧与亚洲的商业往来日益频繁。西欧不仅需要东方的金银,同样需要东方的珠宝、香料和丝绸等。为了进一步扩大同亚洲各国的商业联系,得到那里的资源,西欧商人必须走出地中海,开辟新的航线。于是,位于地中海到大西洋连接处的葡萄牙,便积极着手海外扩张的准备。

从地图中可以看出葡萄牙有很长的海岸线,面对的是大西洋,这为发展海外贸易提供了条件。

葡萄牙位于欧洲伊比利亚半岛西南端,东面和北面与西班牙接壤,西面和南面濒临大西洋,拥有 8 万多平方千米的国土面积和 800 多千米长的海岸线。独特的地理位置为葡萄牙发展海外贸易和海上扩张提供了重要条件。

葡萄牙古称卢济塔尼亚,自 1 世纪起,先后受罗马帝国、日耳曼部族和阿拉伯人的统治。在罗马帝国长达 4 个世纪的统治期间,葡萄牙社会发生了很大变化。罗马人带来了先进的耕作技术,兴建了城市,修筑了灌溉工程。他们输入的罗马法,几经修改之后构成了葡萄牙法律体系的基础,而拉丁语则逐渐演变为葡萄牙语。

5 世纪初,日耳曼部族中的西哥特人占据了伊比利亚

里斯本

半岛,建起西哥特王国。西哥特人的统治持续了近3个世纪,至711年被日益强大的阿拉伯人征服。阿拉伯人对半岛长达几个世纪的统治,为葡萄牙带来了东方的先进生产技术,推广了水利灌溉,引入了新作物和新产品,促进了商品性农业和手工业的发展。阿拉伯人统治时期的发展,为葡萄牙最终摆脱外族统治奠定了基础。11世纪末,阿拉伯人的统治开始削弱,葡萄牙国内信奉基督教的莱昂王国趁机兴起,其国王阿方索·恩里克斯经过长期武力斗争,于1143年推翻了阿拉伯人的统治,建立了独立的国家。

葡萄牙人在摆脱外族统治、建立独立国家的过程中,也逐渐具备了走向世界的社会经济条件。由于得天独厚的地理条件,葡萄牙的波尔图和里斯本等一些城市,日益发展成为海上贸易的重要港口;葡萄牙人从阿拉伯人那里学会了建造兵船的技术和海战战术,并且建立起一支强大的海军。它在葡萄牙争取独立的斗争中锻炼成长,进而为其海上扩张奠定了实力基础。

阿方索·恩里克斯,独立的葡萄牙的第一个国王(1139—1185年在位),是法国封建主勃艮第的亨利之子。如果从继承葡萄牙伯爵时算起,他是欧洲在位时间最长的统治者之一。

早在14世纪初,葡萄牙王国已经有了一支规模可观的航海舰队,葡萄牙商船与荷兰、英国保持经常性商业往来,向西南方向则航行到加那利群岛。国王费尔南多一世(1357—1383)时代,葡萄牙商业出现了空前兴盛的局面,里斯本已成为大西洋沿海的重要外贸港口。随着民族统一国家的形成,王权得到进一步加强,从而具备了海外扩张的基本政治前提。特别值得注意的是,葡萄牙民族统一国家形成于新的社会经济条件下,王权、贵族和新兴商业资产阶级三者之间有了相当程度的利益一致性,形成了一股推动海外扩张事业的合力。重商主义时代的社会经济结构,将王权的财政需求同对外贸易联系在一起。发展国内外商业和进行海外拓殖成为为王权开辟财源的重要途径。因此,自14世纪以来,历代葡王都把发展海上势力作为传统政策。例如,他们开放王家森林,以木材供应造船业;赏赐骑士特权,以奖励优秀造船官员;招揽热那亚水手,以培养优秀海员;强制实行海上保险,以发

葡萄牙舰队

若昂一世（1357—1433），是葡萄牙阿维什王朝的建立者，也是葡萄牙历史上最伟大的国王。他在位时期，葡萄牙确立了向海上发展的国策，并为大航海时代的到来吹响了前奏。

展壮大海运业；鼓励贸易，以吸引外国人，等等。这些都为海上扩张奠定了基础。大批中小贵族，因为通货膨胀，地租收入不断下降，所以不惜冒死远航，把海外掠夺视为唯一的发财之道。至于那些新兴的商业资产阶级，他们的利益"与那些贵族的利益并不冲突"。13—14世纪，波尔图和里斯本的商人就垄断着从直布罗陀至北海的香料贸易，他们对打通亚洲的香料贸易航线自然非常积极。于是，国家联合商人和贵族的力量在互惠互利的基础上，共同进行了向南挺进的有组织、有计划的远洋航海活动。

葡萄牙的国土面积大约是 56 931 平方千米，只有邻国西班牙国土面积的 1/5。因为是一个小国家，所以要想成为世界强国不太现实。

不过葡萄牙的特殊地理位置也使他们在两个产业上有很大的发展，那就是：捕渔业和造船业。当时葡萄牙所拥有的捕鱼船队是欧洲最大的船队之一。

1385 年，葡萄牙开始了自己的新时代。当时若昂一世国王登上葡萄牙王位，他对神秘而富饶的东方世界充满了向往，认为只有开拓一条获取黄金和其他东方物产的海上交通线，葡萄牙才能够真正地发展起来。为此，他多次派遣船队考察和探索通向印度的航道。1486 年，他派遣以著名航海家巴托洛门·迪亚斯为首的探险队沿着非洲西海岸一直航行，当船队航行到今好望角附近的海域时，强劲的风暴使这支船队险些葬身于鱼腹之中。迪亚斯被迫折回葡萄牙。从此，欧洲人便发现了非洲最南端的好望角。葡萄牙国王十分清楚，这项成就意味着长期寻找通往印度群岛的努力眼看就要成功了。但是由于王室的骚乱，这一计划一直被搁置。

恩里克王子（又译般理基皇子、亨利王子），是葡萄牙和阿尔加维国王若昂一世的第三子。

喜欢航海的王子

以航海家著称的亨利王子（O Infante D. Henrique），是西欧航海事业中推进组织活动的第一人，对葡萄牙航海技艺和海上拓展作出了重大贡献。他在葡萄牙西南海岸的萨格里什（Sagres）创办航海学校，培训本国水手；设立专门研究航海技术的观象台,广泛收集地理、气象、造船、航海、海流等方面的文献资料;聘请热那亚和加泰罗尼亚等地的航海人才为师,以提高本国船员的素质;在格拉斯修建海港、码头、船坞,建造和维修远洋船只。不仅如此,他组织进行了深入大西洋和南下非洲海岸的一系列探险活动。1415 年,亨利王子派遣探险船参与了由葡王若昂一世(D. Joao I)亲自指挥的海上远征活动,首先占领了非洲北部重要港口城市休达。是年 7 月 23 日,一支由 1.9 万名陆军、1 700 名水兵、近 200 多艘战船组成的远征队从里斯本出发。8 月 21 日,船队抵达休达城下。进攻开始后不久,葡萄牙人由一扇城门攻入城内,至傍晚时候,休达城落入葡萄牙人手中。该城位于直布罗陀海峡,控制着通往大西洋的通道,战略地位十分重要;同时,它还是陆地和海上的贸易中心,其附近有富庶的农业地区。因此,占领休达城,不仅提高了国王的威望,而且为进一步

🔺休达是西班牙在北非的属地,它位于马格里布的最北部,在直布罗陀海峡附近的地中海沿岸。

的对外扩张提供了一个前进的据点。占领休达城成为葡萄牙一系列对外扩张和海上探险活动的开端。

　　1415—1416 年,亨利王子派人探索和考察了加那利群岛及其附近地区。大约在 1417—1420 年间年,若昂·贡萨维斯·扎尔科(João Gon·alves Zarco)和特里斯唐·瓦斯·特谢拉(Trist·o Vaz Teixeira)成功地航行到了圣港岛(Ilha de Porto Santo)和马德拉岛(Ilha da Madeira),并由此开始了对马德拉群岛(Arquipélago da Madeira)的垦殖和开发。

　　大约在 1427 年或 1432 年,迪约戈·德·席尔维斯(Diogo de Silves)发现了除佛罗雷斯岛(Ilha das Flores)和科尔沃岛(Ilha do Corvo)以外的亚速尔群岛(Arquipelago dos A·ores)。1439 年,摄政王唐·彼得罗(Dom Pedro)授权亨利王子向该群岛移民,1445 年以后,移民垦殖全面展开。对

这些大西洋岛屿的发现和开发,为葡萄牙人探索西非海岸打下了良好的基础。

1434年,奉亨利王子之命,吉尔·埃亚内斯(Gil Eanes)完成了绕过博哈多尔角(Cabo Bojador)的艰巨任务。次年,吉尔·埃亚内斯和阿丰索·巴尔达伊亚(Afonso Baldaia)再次出发,安全通过该角,并向南航行了约100千米,到达了一个被命名为鲁伊沃斯湾(Angra dos Ruivos)的地区。此后几年,他们又进行了几次航行,到达了加莱(Galé)和黄金河(Rio do Ouro)地区。

于是,除了北非摩洛哥的休达城,葡萄牙人还拥有了马德拉群岛和亚速尔群岛,并且已经沿非洲沿岸进行了多次航行,到达过博哈多尔角以南。显然,继续向南航行的基础已经奠定。

↑马德拉是非洲西海岸外,北大西洋上一个属于葡萄牙的群岛和该群岛的主岛的名字。

1441年,亨利王子选派其贴身卫士安唐·贡萨尔维斯(Ant·o Gon·alves)为船长,驾船前往非洲西海岸。他从黄金河地区把首批黑奴带回了葡萄牙。第二年,安唐·贡萨尔维斯和努诺·特里斯唐(Nuno Trist·o)又到那里捕获了更多的黑人。事后,安唐·贡萨尔维斯返航回国,而努诺·特里斯唐则继续向南航行,一路顺风地到达了布兰克角(Cabo de Blanco,意为白色之角)。迪尼什·迪亚斯(Dinis Dias)和贡萨罗·德·辛特拉(Gon·alo de Sintra)亦在该地区进行了探险活动。

1443年,安唐·贡萨尔维斯再次出发,前往黄金河地区购买奴隶。葡萄牙人向当地人购买了10名奴隶以及一些金粉、一把匕首和几个鸵鸟蛋。这是在非洲海岸进行的第一次奴隶买卖。鉴于最初几次航行的结果令人满意,摄政王签署命令,授予亨利王子向博哈多尔角以南地区航行的专有权。

同年,努诺·特里斯唐继续向南航行,到达了一个叫阿尔金(Arguim)的深水大海湾,湾内分布着几个大小不一、形状各异的岛屿。1443—1444 年间,兰萨罗特·德·拉戈斯(Lan·arote de Lagos)经王子授权,组织了远征队前往阿尔金,在纳尔岛(Ilha de Naar)和蒂德尔岛(Ilha de Tider)捕捉了大批奴隶。

1444 年,努诺·特里斯唐到达了塞内加尔河(Rio Senegal);同年,迪尼什·迪亚斯(Dinis Dias)发现了佛得角(Cabo de Verde)和帕尔马岛(Ilha Palma)。这一年的航行,使葡萄牙人与撒哈拉大沙漠(Deserto do Sara)以南的黑人进行了首次直接接触。1446 年,阿尔瓦罗·费尔南德斯(Alvaro Fernandes)到达了现在称为几内亚比绍(Guiné-Bissau)的地区,因而成为第一个进入非洲内陆的人。

1455 年,亨利王子选派富有航海经验的意大利海员路易斯·德·卡达莫斯托(Luis de Cadamosto)为船长,命他继续组织向南航行。3 月 22 日,他的船队起锚南行,仅 3 天就到达了圣港岛。此次航行过程中,他到达了冈比亚,途中访问了马德拉岛、加那利群岛、阿尔金湾、布兰克角、塞内加尔、布多迈尔(Budomel)王国、佛得角等。卡达莫斯托用带去的马匹等货物交换了布多迈尔王国的奴隶。

1456 年,迪奥戈·戈麦斯(Diogo Gomes)和卡达莫斯托再次率 3 艘船远航探险,因被风吹离了航线而发现了佛得角群岛的几个岛屿。1460 年,佩得罗·德·辛特拉(Pedro de Sintra)到达了塞拉里昂(Serra Leoa)。同年,安东尼奥·达·诺里(Antonio da Nori)又发现了佛得角群岛的另外几个岛屿。于是,至 1460 年,佛得角群岛的主要岛屿已经被发现,葡萄牙由此开始了系统的移民垦殖活动。

通过这些连续性的探险活动,葡萄牙人建立了深入大西洋的前哨阵地。海外拓殖已由少数人的自发性行动,演变成一种在一定权力支持下、有领导有组织的持续不断的

⤴ 迪尼什·迪亚斯

▣ 贩卖黑奴是资本主义扩张与掠夺的最明显的标志。

运动，初步形成了各阶层联合扩张的格局。尤其重要的是，随着海外探险活动的推进，经济联系也不断扩展，葡萄牙人在加那利、马德拉、亚速尔从事最初的殖民垦殖活动，购买这里的蔗糖、酒和谷物。直接的经济联系甚至扩展到撒哈拉沙漠以南的地区，那里出产的谷物、黄金，甚至奴隶成为交易对象。西欧人对海外资源的追求更加迫切，扩张大西洋已显示出有利可图的利润前景。15世纪末，西、葡两国终于掀起了打通世界航线的航海高潮。

出 发

唐·曼努埃尔一世（1495—1521年），葡萄牙国王，在位期间，大力推进地理大发现进程，最终完成了欧洲直通印度航线的开辟。他亲自组织准备了达·伽马的航行，葡萄牙船队成功地到达了印度。

1492年，哥伦布率领的西班牙船队发现美洲新大陆的消息传遍了西欧。面对西班牙将称霸于海上的挑战，葡萄牙王室决心加快探索通往印度的海上活动。1495年，26岁的曼努埃尔国王登上葡萄牙王位，他幸运地得到了先辈留下的许多辉煌而又有前途的业绩，最主要的就是葡萄牙的航海探索事业，因此他被称为是"幸运儿"。

据说，被称为"幸运儿"的曼努埃尔国王于1487年发出了庄严的宣誓："如果那支将于当天上午起航的葡萄牙舰队能够安全返回的话，他将在里斯本建造一座新教堂。"——一座将包括他的坟墓和所有王室后裔坟墓的宏伟教堂。

这只蓄势待发的舰队此刻就停在特茹河河口上的里斯本避风港里。它们分别是"圣加布里埃尔"号、"圣拉斐尔"号、"贝里奥"号和一艘至今无人知晓名字的船，这艘不知名的船只负责为其他三艘船运输物资。登上这些船只的航海者们很希望自己能够成为绕过非洲大陆抵达印度的第一批欧洲人。而整个舰队的指挥官就是出身高贵的航海家瓦斯科·达·伽马。

达·伽马大约出生在1469年，他的几幅画像经过几百年仍保留了下来。这些画像显示：他有一双褐色的眼睛，红褐色的头发，长而浓密的胡须。后来的事情表明，他是一位坚强、深谋远虑、坚韧不拔而又冷酷无情的舰队指挥官。

舰队启航前夕，达·伽马拜见了资助这次航海探险活动的曼努尔国王，国王赐给他一面带有基督骑士标志的锦旗，因此，这次航海探险意味着得到了罗马天主教的准许和上帝的庇护。达·伽马向国王发誓他会效忠于国王。之后，他们在圣母北仑教堂里祷告和守夜，准备起航。

黎明前夕，他们从教堂里举着点亮的蜡烛，排着整齐而又庄严的队伍走向港口，这仅仅是探险的开始，站在码头上的人群目送着舰队离他们越来越远地驶入大海。

这支船队有着周密的安排，达·伽马乘坐旗舰"圣加布里埃尔"号，哥哥保罗·达·伽马是"圣拉斐尔"号的船长。"贝里奥"号是艘小船，船长是尼古劳·科埃略骑士，他是曼努埃尔国王的远亲。而那艘不知名货船的船长是达·伽马的一位好朋友，名叫科卡罗·纳尼斯。出航的船员中有很多犯人，他们被认为已经死去，这样可以让他们做一些很危险的事情。另外，船队还配有很多桶饮用水以及足够 3 年的食物，除此之外，船队还装有 20 门射石炮以及大量的盔甲、石弓、刀剑和长矛，这些都是用来供船上人员作战使用的。

🔺 瓦斯科·达·伽马

前往印度

达·伽马计划穿过大西洋向南航行，再绕过非洲南端向东航行，再向北进入印度洋。船上很多水手都是第一次出海，整天漂在海上让他们感到害怕，然而对于航海技术十分熟练的探索家达·伽马来说，一切都在他的计划之中。而且他的计划不是凭空想象，早在这之前就有无数个葡萄牙探索家沿着非洲海岸线向南挺进，所以这样的航海行程对他来说并不陌生，这对水手们或多或少是个安慰。

达·伽马舰队离开里斯本后用了一周的时间才到达位于今天摩洛哥西边的加纳利群岛水域。他们从

🔺 达·伽马船队驶出码头时的情景

达·伽马远航前受到国王的接待。

海上可以清晰地看到岸边的峭壁和山丘，葡萄牙探索家为他们作的路标，船队将船只停泊在非洲海岸的阿尔塔高地，水手们准备在此歇息数小时再扬帆起航。

当夜幕降临的时候，为了防止迷失，所有的船只都点燃了灯笼，紧紧靠在一起。但当他们再次起航的时候，海面上升起了大雾，什么都看不见，原本靠拢在一起的船只现在都走散了，幸好他们事先早有规定，一旦船只走散他们就要在佛得角会合。"圣拉斐尔"号最先抵达约定地点，紧接着"贝里奥"号和那艘不知名的船先后抵达约定地点，但独独不见旗舰"圣加布里埃尔"号。正在大家焦急万分的时候，达·伽马乘坐的"圣加布里埃尔"终于出现在人们的视线里，这让大伙都感到十分庆幸，并鸣炮吹号来表达兴奋的心情。他们在佛得角往船上装了些木头、水和新鲜的食物后，开始横穿赤道继续绕非洲前行。

8月3日舰队离开佛得角横穿大西洋向南航行。这次，达·伽马没有沿着狄亚斯航行过的非洲海岸线而是向大西洋远航，航线几乎是直线向南。他向南行进了很长一段路线后，朝东转去，到达了好望角。这是一条优选的航线，比沿海岸下行要快，但是更需要拼搏精神和高超精湛的航海技术。由于达·伽马选择了这条航线，有93天从他的航船上望不见陆地，这比哥伦布的航线多用了两倍半的时间还不止！

勇敢的葡萄牙水手们自离开佛得角群岛后就一直在海上漂泊，数月

好望角，从东边的崖壁上向西眺望。

68

来没有登过陆地。直到 11 月 4 日，瞭望手才见到陆地——非洲西南贫瘠的海岸。其实，达·伽马并没有使航程向南达到足够远的地方，他们的航线大约在好望角北面约 555 千米处，为了尽快到达目的地，不得不冒着危险沿着海岸线缓慢地前行。

舰队在海上行驶的时间很久，致使附着在船身上的甲壳动物和海藻严重影响了前进的速度。不得以，他们在望见非洲海岸几天后的时间里，达·伽马命令船只停泊在今天南非的圣赫勒拿湾，进行修船和刮船身，在这里他们见到了当地的土著居民。据史料记载，舰队的指挥官登上岸向这些土著人展示了他们船上带有的各种商品：桂皮、丁香、小粒珍珠、黄金和许多其他的东西。指挥官想了解他们国家有没有这些东西，显然，当地土著人对于所有的东西几

↑ 达·伽马率领舰队准备起航

乎一无所知，为了表示友好，官员们还赠送了一些东西给他们，但没过几天这些人就与葡萄牙的船员发生了冲突，一场小小的战争使达·伽马和其他几位水手被长矛刺伤，而土著人则逃之夭夭了。

达·伽马率领舰队再次起航，途中遇到了几次大风暴，而且在几个小岛上遇到了跟先前在圣赫勒拿湾时同样的遭遇。

1497 年 12 月 10 日，舰队航行到了大鱼河河口附近，这里竖立着一根石柱，是葡萄牙探险家所到过最远地方的标志，从这往后，达·伽马的舰队便开始在没有经过探查的海域中航行，前途会怎么样，谁也不清楚。不过清楚的是眼下有两个障碍他们很难逾越。一是非洲东南海岸从北向南凶猛无比的莫桑比克急流，葡萄牙人在与急流搏斗了 4 天之后，伤心地发现他们仍然处在原地没有移动。此时，水手们无意继续航行，纷纷要求返回里斯本，而达·伽马则执意向前，宣称不找到印度他是决不会罢休的。圣诞节前夕，达·伽马率领的船队终于闯出了惊涛骇浪的海域，

绕过好望角驶进了西印度洋的非洲海岸，这天正是圣诞节，于是达·伽马将这一带命名为纳塔尔，现今南非共和国的纳塔尔省名即由此而来，葡语意为"圣诞节"。而后，船队继续逆着强大的莫桑比克海流北上，巡回于非洲中部赞比西河河口。

探险者面临的第二个障碍是坏血病，这种致命的疾病是长期在海上航行带来的灾难。患此病的人皮肤发黄、关节疼痛、齿龈肿胀并且出血，而且身体极其虚弱，无精打采，很多病人最后离开了人世。今天人们都知道坏血病是身体里严重地缺乏维生素C所致，而缺乏这些元素的主要原因是水手们所吃的都是一些很好储存但维生素很少的食物，只有新鲜的食物里才会有丰富的维生素和身体里所需的其他元素。因此，当船员们开始关节疼痛、齿龈肿大时，这位指挥官便知道他们必须靠岸休息了。

🔺 舰队在一座沿海的村庄旁靠岸

1498 年 1 月初，舰队在一座沿海的村庄旁靠岸，在那里停留了 5 天。当地人热情地欢迎了他们，当地的部落首领还答应他们，可以在那里索取任何他们需要的东西。船员们和当地的居民交换了物品，还往船只上运输了一些饮用水，一切都显得是那么的友好。后来葡萄牙人将这个地方命名为"友好之邦"。这个名字的用意在于感谢当地居民的慷慨和大方。

在友好之邦得到了补充，船队在海上又航行了数周，坏血病再次袭击了很多船员，疾病困扰使得水手们没法工作，指挥官达·伽马命令舰队停靠在克里马内休息。

一个月后，舰队前行到东非，这条航线对于他们来说非常棘手，而最有效的办法就是在当地招募一名对此航线十分熟悉的领航员或者向导，这样就可以快速通过非洲海岸线。为此，达·伽马命令舰队在莫桑比克港靠岸。事实证明找一个熟悉航线的向导是十分正确的，由于对水域的陌生，"贝里奥"号还没有靠岸就在港口处搁浅了，船舵也损坏了。

然而找到一个领航员并没有想象中那么容易，当达·伽马到达东非后，东非的主要港口都在阿拉伯人或非洲穆斯林的控制之下，垄断着这个巨大的贸易帝国的穆斯林是不欢迎跃跃欲试的欧洲人来到印度洋的。在几个会讲阿拉伯语的船员的帮助下，达·伽马送给当地苏丹大量的黄金和两件丝袍，请求他派两个向导为舰队效力。苏丹表示同意，但当他们要领走导航员的时候，遭到了武装抵抗，苏丹的欺骗行径激怒了达·伽马。他命令射石炮开火，强行抢走了导航员，还俘虏了当地的一些人。

世界大探险家成功故事

两个不情愿的导航员并没有起到什么作用，于是遭到了鞭挞。当舰队在今天肯尼亚的蒙巴萨港口靠岸时，两个导航员乘机逃跑了。达·伽马怒不可遏，对剩下的俘虏进行了严刑拷问，当滚烫的热油浇到这些俘虏身上时，他们终于承认：所有的一切都是一个阴谋，他们打算在船队一进入蒙巴萨港时就让阿拉伯人抢劫这些船只。说完，两个遭拷打的人双手被捆绑着，纵身跳下船，丧身到大海之中。作为报复，葡萄牙人夺取了当地的两条小船，并让船上的船员作为新的导航员为他们带路。

↑达·伽马在马林迪雇用了当地舵手阿拉伯人艾哈迈德·本·马吉德，1498年5月20日，远航到了印度西南部的卡里卡特。

在蒙巴萨抓到的俘虏向达·伽马保证，他们可以在不远处的马林迪港口找到很多导航员。于是舰队向马林迪行进。使达·伽马感到安慰的是，他们在这里受到了热烈的欢迎。马林迪的苏丹和蒙巴萨的苏丹是宿敌，因此他非常愿意结识达·伽马，也许他希望葡萄牙人能作为盟友为他反对他的敌人提供一些便利条件。

马林迪的苏丹为达·伽马率领的船队提供了一名理想的导航者，他就是著名的阿拉伯航海家艾哈迈镕·伊本·马吉德。这位出生于阿拉伯半岛阿曼地区的导航员，是当时著名的航海学专家，由他编著的有关西印度洋方面的航海指南至今

↑蒙巴萨是肯尼亚第二大城市，位于印度洋海岸中非洲东岸的城市，是肯尼亚的主要港口。

仍有一定的使用价值。达·伽马率领的船队依靠经验丰富的领航员马吉德的导航。于4月24日从马林迪起航,乘着印度洋的季风,沿着他所熟知的航线,一帆风顺地横渡了浩瀚的印度洋,终于在1498年5月20日,到达了印度南方最重要的贸易中心——卡利卡特。这是欧洲航海船只第一次到达印度,标志着世界历史的一个转折点。

卡利卡特的印度君主扎莫林一开始对达·伽马表示欢迎,但是他很快就感到失望,因为达·伽马赠送给他的礼物全是些便宜货。连同对先前控制印度洋贸易航线的穆斯林商人的仇恨,使得达·伽马未能与扎莫林达成一项贸易协定。但是当达·伽马在8月离开卡利卡特时,还是向东道国国君和一些印度人面前炫耀了他的一船优质香料。

返航比出航更为艰难。穿越阿拉伯海用了大约3个月的时间,许多船员都死于坏血病,最终只有两艘船安全返航:第一艘于1499年7月10日到达葡萄牙,达·伽马自己的船于两个月后到达。总共只剩下55名船员,这还不到起程时的1/5。但是当达·伽马返回里斯本时,他和国王都正确地认识到了他的两年航行是一次巨大的成功。

在寻找欧洲到达印度和东方的航海路线这么多年以来,葡萄牙做出的努力比其他任何一个国家所用的时间都长,且遭遇的艰难也最多。达·伽马的成功证明了绕过非洲是完全可以到达印度的,并且推翻了一切关于非洲大陆形状混乱的看法,同时给葡萄牙带来了空前的繁荣和昌盛,它意味着数十年来,葡萄牙所进行的各种有组织的探险计划,终于在达·伽马的这一次行动中达到了胜利的顶峰。

然而必须指出的是,新航道的打通同时也是欧洲殖民者对东方国家进行殖民掠夺的开端。在以后几个世纪中,由于西方列强接踵而来,印度洋沿岸各国以及西太平洋各国相继沦为殖民地和半殖民地。达·伽马的印度新航路

↑ 在船上指挥的达·伽马,他身边有代表葡萄牙的旗帜。

的开辟，最终给东方各国人民带来了深重的民族灾难。

殖民统治的开始

达·伽马回来的6个月后，葡萄牙国王又派遣了另外一支由佩德罗·阿尔瓦雷斯·卡布拉尔领导的追踪探险队前往印度。卡布拉尔如期到达印度，途中还发现了巴西（虽然有些历史学家认为其他葡萄牙探险家可能在此前很早就发现了巴西）。同达·伽马一样，他们也载着大批香料返回葡萄牙。但是卡布拉尔的有些船员在卡利卡特被杀害，因此，1502年国王又派遣瓦斯科·达·伽马率领一支有20条航船的舰队去那里执行讨伐使命。

达·伽马在这次探险中的行为极其残忍。

1524年9月，印度马拉巴的人民，个个脸都绷得紧紧的，人们既愤怒而又恐惧，这是因为新上任的葡萄牙总督名叫达·伽马，这是一个心狠手辣的家伙，对于他的残忍，印度人民早就领教过了。还是在20年前，1502年10月的一天，从麦加开来一艘大船，船上装满了货物，还有400余名旅客，有男的，有女的，有老人，有小孩。身为葡萄牙的海军上将，达·伽马立即指挥海军将货船截住，他们像强盗一样，把所有的货物抢了过来。但是，他们比强盗还凶狠，他们把连水手在内的船上400多人，反锁在船舱里，点

佩德罗·阿尔瓦雷斯·卡布拉尔，葡萄牙航海家、探险家，被普遍认为是最早到达巴西的欧洲人。

科泽科德亦名"卡利卡特"。印度西南部喀拉拉邦阿拉伯海海岸港口城市。

↑ 发现巴西海岸

上一把火，一个不剩地烧死在海里，那焦臭味，随风飘了几百里。连达·伽马手下的一个军官，看到这惨象，也不寒而栗地说："我一生永远忘不了这一天。"然而达·伽马却对着大海狂笑起来。据一名葡萄牙目击者叙述："……在持续了长时间的战斗之后，司令以残暴和最无人性的手段烧毁了那只船，烧死了船上所有的人。"达·伽马几乎以杀人为快，时隔不久，在卡利卡特，因为这里的阿拉伯人不肯向他屈服，他便出动武装，将近千名阿拉伯人逮捕，一一割耳断手，然后将这些人塞满一只船，将船推进海里，任凭它在海上漂荡，最终葬入鱼腹。达·伽马以此为乐趣。这就是达·伽马在印度人民心目中留下的印象。

船队途经基尔瓦时，达·伽马背信弃义把该国国王埃米尔扣押到自己的船上，威胁埃米尔臣服葡萄牙并向葡萄牙国王进贡。到达印度的卡利卡特后，达·伽马又蛮横地要求扎莫林把所有的伊斯兰教徒都从这个城市驱逐出去。正当扎莫林犹豫不决之时，达·伽马就捕杀和致残了38名印度渔夫，并随后对这个城市狂轰滥炸。扎莫林虽极其愤怒，但却无可奈何，最后只得答应了达·伽马的要求。1503年2月，达·伽马满载着从印度西南海岸掠夺来的大量价

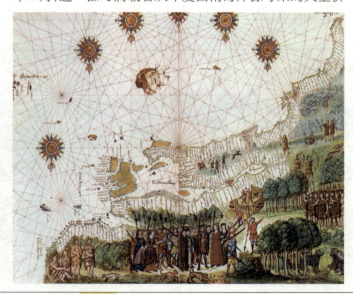

→ 新航线开辟的根本目的就是殖民掠夺，获得更多的财富。

值昂贵的香料，乘着印度洋的东北季风，率领 13 艘船返回葡萄牙，同年 10 月回到了里斯本。据说，达·伽马此次航行掠夺而来的东方珍品：香料、丝绸、宝石等其所得纯利竟超过第二次航行总费用的 60 倍以上。

由于达·伽马开辟印度新航路的成功，像葡萄牙这样一个人口当时仅为 150 万的小国竟囊括东大西洋、西太平洋、整个印度洋及其沿岸地区的贸易和殖民权力。由于新航路的发现，自 16 世纪初以来，葡萄牙首都里斯本很快成为西欧的海外贸易中心。葡萄牙、西班牙等国的商人、传教士、冒险家云集于此，从此起航去印度、去东方掠夺香料，掠夺珍宝，掠夺黄金。这条航道为西方殖民者掠夺东方财富而进行资本的原始积累带来了巨大的经济利益。无怪乎西方人直至 400 年后的 1898 年，仍念念不忘达·伽马对开辟印度新航道的贡献而举行纪念活动。

由于这些功绩，葡萄牙国王重赏达·伽马，授予他各种头衔，赠给他许多财产、津贴及其他奖项。1524 年，达·伽马又被任命为印度副王。同年 4 月以葡属印度总督身份第三次赴印度。遗憾的是他到达印度几个月后，便一病不起，于 1524 年 12 月去世。后来他被重新安葬在里斯本附近。

后　记

🔶瓦斯科·达·伽马

瓦斯科·达·伽马航海的基本意义是他开辟了一条从欧洲到印度和远东的直接航线，其影响许多国家都能感觉出来。

从短期来看，它对葡萄牙的影响最大。通过控制通往东方新的贸易航线，这个位于文明世界边缘地区的国家，不久便甩掉贫穷落后的帽子而成为欧洲最富有的国家之一。葡萄牙人迅即在印度周围建立起一个强大的殖民帝国。他们在印度、印度尼西亚、马达加斯加、非洲及其他地区均设有前哨站，这当然是对他们的巴西租界地和非洲西部殖民地的巩固。这些殖民地中有的直到 20 世纪上半叶还被葡萄牙人所把持。另外瓦斯科·达·伽马通过对贸易新航线的开辟,使从前控制印度洋贸易航线的穆斯林商人遭受了一次严重的挫折。这些商人不久就被葡萄牙人彻底击败并取而代之,而且这也使从印度通往欧洲的陆地贸易之路变得更加荒凉冷落了,因为走绕过非洲的葡萄牙海路更为便利。这对于先前控制东方贸易的土耳其人和意大利人均有害无益。但是对欧洲的其余地区来说,这意味着来自远东的货物要比从前便宜得多。

但是如果从长远的观点来看,达·伽马航海所带来的影响不在欧洲或中东,而在印度和东南亚。事实上印度在大部分历史时期是一个相当封闭的国家,而达·伽马的航海使印度通过海路与欧洲文明世界相接触。随之而来的是欧洲人的影响和势力在印度逐步上升,这一影响一直持续到19世纪下半叶,整个大陆都受不列颠君主统治为止。就印度尼西亚来说,它首先受到欧洲人的影响,随后又完全被欧洲人控制,直到20世纪中期,这些地区才获得自主。

🏛 泰姬陵是莫卧儿第五代君主沙杰汗为他死去的皇妃蒙太姬修建的陵墓,1653年建成,是伊斯兰教建筑中的代表作,也是印度的标志性建筑。

显然可以与瓦斯科·达·伽马相比较的人物是克里斯托弗·哥伦布。从某些方面来看两者的比较有利于达·伽马。例如,他的航海是一项给人印象颇深的成就,它在距离和时间两方面都比哥伦布长得多(实际上长3倍还多),它需要更为高超的航海技术(不管哥伦布离开航线有多远,几乎都不可能错过新大陆,而达·伽马则容易错过好望角,在印度洋里迷失方向)。而且与哥伦布不同,达·伽马成功地到达了原定的目的地。当然有人可能会提出达·伽马并没有发现一个新大陆,而只是给欧洲人和一个已有人居住的地区之间接通了联系,但哥伦布又何尝不是如此呢?他至死都认为自己到达的是东方。

但是人们似乎又很容易看到哥伦布的影响要比达·伽马大得多。第一,绕非洲去欧洲的航行并不是出自瓦斯科·达·伽马的任何提议，葡萄牙国王在选中瓦斯科·达·伽马当领队很久以前就决定派遣这样的一个探险队。但是哥伦布的探险却是他亲自创造条件，是他的劝说才使伊莎贝拉王后为他的探险提供了资助。要是没有哥伦布，新大陆的发现也许还要晚些，而且也许会被另一个欧洲国家所发现。但是如果没有瓦斯科·达·伽马，葡萄牙国王完全会挑选另一个人来领导探险队。即使这个人失败，葡萄牙人也绝不会放弃唾手可得的成功而去耗精费力另辟一条直接通往印度的航线。而且由于沿非洲西海岸有一批葡萄牙基地，其他欧洲国家几乎没有能够首先到达印度的机会。第二，欧洲对印度和远东的影响远不如对西半球那样巨大。印度的文明由于与西方接触最终才发生了巨大的变化，但是在哥伦布航海的几十年内，新大陆的文明实际上已被毁灭。在印度也没有发生类似于西半球美国崛起那样的创举。

正如不能把自那时起在西半球发生的所有事件都归功（或归罪）于克里斯托弗·哥伦布一样，也不能把东方与欧洲直接交往的所有结果都归功于达·伽马。瓦斯科·达·伽马只不过是一系列人物中的一个，这个系列中的人物包括：航海家亨利；在非洲西海岸探险的众多葡萄牙船长；巴托洛门·迪亚斯；达·伽马本人以及他的直接接班人，如弗朗西斯科·德·阿尔梅达和阿方索·德·阿尔布格克；还有很多其他人。而瓦斯科·达·伽马显然是其中最重要的人物，但是他在这些人物中远不如哥伦布在与西半球欧洲化相关的系列人物中那样突出。因为这个原因，他的名望才远远落在哥伦布之后。

达·伽马是航海史上的奇迹，同时使葡萄牙更加强大富庶，左图是安放在圣热罗尼莫大教堂的达·伽马墓。

大 事 年 表

1469 年   出生在葡萄牙锡尼什。

1497 年   达·伽马率领 4 艘船只,共计 170 多名船员,航行到了好望角。

1497 年   12 月 10 日,舰队航行到了大鱼河河口附近,这里竖立着一根石柱,是葡萄牙探险家所到过最远地方的标志。此后的航行就没有了参照物。

1498 年   3 月前后,遭遇苏丹王的骗局,捕获了两个当地导航员。

1498 年   5 月 20 日,到达了印度南方最重要的贸易中心——卡利卡特。

1499 年   7 月 10 日达·伽马船队的第一只船到达葡萄牙,达·伽马自己的船于两个月后到达。当时回来的船员只剩下了 55 人,不到出发时候人数的 1/5。多数人死于坏血病。

1502 年   葡萄牙国王又派遣瓦斯科·达·伽马率领一支有 20 条航船的舰队去印度的卡利卡特进行讨伐。

1503 年   2 月,达·伽马满载着从印度西南海岸掠夺的大量价值昂贵的香料,乘着印度洋的东北季风,率领 13 艘船返回葡萄牙,同年 10 月回到了里斯本。

1524 年   达·伽马被任命为印度副王。

1524 年   12 月去世。

麦哲伦

麦哲伦（1480—1521），葡萄牙著名航海家和探险家，先后为葡萄牙和西班牙进行航海探险。当时，哥伦布已经发现了美洲新大陆，达·伽马也从印度返航并带回了巨大的东方财富。怀着对东方财富和远洋探险的向往，麦哲伦从实地了解到在东南亚群岛的东面是一片汪洋大海。他坚信地球是圆形的，并猜测在这片大海的东面，肯定是哥伦布发现的美洲大陆，便下定决心一定要做一次环球探航。

1519 年，麦哲伦从西班牙出发，终于在 1520 年 11 月 28 日穿过一个海峡到达美洲西岸的大洋。这个海峡因此被命名为麦哲伦海峡。而他们眼前的大洋也因为风平浪静而被命名为太平洋。1521 年 3 月，麦哲伦船队到达菲律宾群岛。因参与岛上部族的战争，麦哲伦受重伤而死。但他的船只还是继续向西航行，终于回到了西班牙。

香料之旅

在欧洲，香料的产量很少。可以说，香料和黄金、传教一样，是促成欧洲地理大发现的重要原因。

自从罗马人在东方的旅行和战争中尝到过东方那辛辣而芳香、酸涩而清爽的调味品以来，西欧的厨房和酒厂就再也不想离开印度香料了。然而，西方人所需的这些东西均产自于东方，它们要从遥远的东方漂洋过海，长途跋涉以及上税，经过几个月的海上危险航行，最后才能到达欧洲。

香料贸易风险虽然很大，利润却奇高，11世纪初胡椒是按粒计价，几乎和银子等量齐观。因此中世纪以来，香料贸易一直以一本万利而闻名，即使5艘船中有4艘连船带货葬身海底，即使265人中有200人不能返回家园，商人也不会有丝毫的损失。

香料创造的财富无法计量，但这并不是长久之计，伴随着高额利润而来的是仇恨的忌妒。哪里有人大发横财，那些没有得到好处的人就会自然而然地结成同盟。热那亚人、法国人和西班牙人早对巧取豪夺的威尼斯睥睨相视，他们对埃及和叙利亚更是异常仇视，因为那里的穆斯林像一座铜墙铁壁把印度同欧洲隔绝开来，不准任何信奉基督教的船只在红海航行，不准任何信奉基督教的商人通过红海，同印度的全部贸易必须通过土耳其和阿拉伯的商人进行。这样明显减少了基督教商人的收益，而且还会产生另一种危险，那就是欧洲商品的交易价格远远高于印度商品的价格，所有贵金属都流到东方。由于这一明显的损失，西方国家迫切想摆脱这种情形，于是各种力量终于联合起来，而十字军的远征也绝不仅是想从异教徒手里夺回"圣陵"的一种纯宗教行为。

欧洲基督教徒的首次联盟，

在11世纪初的卡利卡特港口应该是当时世界上最繁忙的城市。

是他们为冲破通往红海的封锁线，为欧洲、为基督教世界冲破同东方各国的贸易禁令而进行的第一次有计划、有目的的共同努力。但他们未能成功，埃及仍然掌握在穆斯林手中，伊斯兰教继续阻碍他们前往印度的道路，所以就产生了另寻一条通往东方世界道路的愿望。

哥伦布之所以敢于冒险去西方，达·伽马去南方等，首先是因为他们胸怀大志要为西方世界开辟一条免税的通往印度的道路，从而突破伊斯兰教的垄断。在那个大发现的时代，支持英雄们的是商人，他们是主要动力，而最初征服世界的英雄，也渊源于世俗利欲，最初都是因为香料。

远航之梦

当欧洲人对大西洋不再陌生时，他们还不知道太平洋的存在，这个比大西洋古老得多的地球上最大的水体卧伏在亚洲之东、美洲之西的巨大海盆上，那时还不曾有一个欧洲人闯入过。16世纪初，西班牙探险家从巴拿马西岸的高山上，发现了新大陆和亚洲之间，有一个宏伟的大洋，欧洲人把它叫做"大南海"。于是，欧洲的探险家们纷纷吵嚷着要去美洲寻找通向大南海的海峡，他们相信一定有一条这样的海峡存在。在这些跃跃欲试的人群中，麦哲伦就是其中的一位。

1480年，麦哲伦出生于葡萄牙北部波尔图的一个贵族家庭。当时贵族家庭的孩子可以进入王宫，在他10岁的时候，他和哥哥都被送入王宫。聪明过人的他，在那里受到了良好而正规的教育。

1496年，16岁的麦哲伦进入了国家航海事务厅工作。这就相当于是一所秘密的航海学校。在那里，他看到了远征队的许多秘密报告，学到了很多航行知识和当时最新的

十字军东征是在1096—1291年间发生的8次宗教性军事行动的总称，是由西欧基督教（天主教）国家对地中海东岸的国家发动的战争。主要的目的是从伊斯兰教手中夺回耶路撒冷。

地理见解。

那时哥伦布已经发现了美洲新大陆，达·伽马也从印度返航并带回了巨大的东方财富。怀着对东方财富和远洋探险的向往，麦哲伦于1505年参加了海外远征队。海外远征队是葡萄牙王室为了继续获得东方财富而组织的规模庞大的远征印度的舰队，麦哲伦作为一名普通的水手，参加了血腥的殖民征服战争，但他不知道这也是他不幸遭遇的开始。

在征服印度的战役中，麦哲伦在队伍里无所不干，并对他从事的工作进行观察和思考，终于成为一个多面手：他是军人、水手、商人，又是熟知各类人物、各个地区、海洋和星座的专家。后来的命运使这个青年参与了许多事件，为殖民统治者立下"汗马功劳"。

在1505—1511年的6年中，麦哲伦跟随葡萄牙远航舰队到达过马六甲海峡，并在夺取这个东方交通命脉的战斗中，为葡萄牙建立了功勋。葡萄牙最终控制了马六甲海峡和马六甲城（现在的新加坡），巩固了他们对整个印度海岸的统治权。但是，当麦哲伦回到阔别多年的祖国时，除了身上的战伤和一个跟随他的马来亚奴仆亨利外，一无所有。

回国后，麦哲伦被列为低级贵族的最后一级，每月只得到很少的恩赐。没有任何工作也没有任何权利。作为一个自尊心很强的人，麦哲伦绝不能容忍自己长期这样无所事事。于是他打算找机会重返军界。

1513年夏，国王伊曼纽尔装备了一支庞大的军事探险队征讨摩洛哥，麦哲伦早已做好参加的准备。在部队里他仍是一个低级军官，没有官衔，一切都得听命于人。麦哲伦在白刃战中3次受重伤，最终导致左腿不能弯曲，走路微跛。

在15和16世纪，葡萄牙先后在非洲、亚洲、美洲建立大量殖民地，成为海上强国。下图是建于1960年的航海纪念碑。纪念碑的地上有一幅世界地图，上面刻有发现新大陆的日期。

一个不能快走，又不能骑马的瘸腿军人，已不再适合在前线服役。麦哲伦完全可以离开战场，按照伤员的待遇，要求增加退休金。可是他没有离开，但后来发生的一些不明误会又使他受到官吏的污蔑，不得以被迫离开军队，回到祖国。

麦哲伦回到里斯本，立即请求觐见国王，不是为了给自己洗雪，相反是要求国王论功行赏，给他更高的职务和更好的待遇。可是这样的请求国王并不予以理睬。而且决定不再起用他。36岁的麦哲伦，贫病交加，又受到如此的冷落，感到非常的屈辱和痛苦。

↑马六甲城是马来西亚最古老的历史名城。建于1403年，曾是满刺加王国的都城，也是东西方贸易的枢纽。

投奔西班牙

麦哲伦准备怎样开始他的新生活呢？命运告诉他：扬帆远航。

麦哲伦想组建船队去东方寻找香料群岛，传说那里神奇的热带风光十分美丽，还有数不尽的财富。他思忖香料群岛的位置，应该在东方的最东端，按地球是圆形理论，哥伦布向西航行的路线应是正确的，只要在美洲找到那条通向大南海的海峡，进入神秘的大南海，再向西一直航行下去，就能到达香料群岛。这样要比走瓦斯科·达·伽马的路线更为合理。麦哲伦为自己的计划欢欣鼓舞，寻找这条新航线也成了麦哲伦秘而不宣的志愿。

在当时还没有一个人敢于设想的计划，麦哲伦有信心凭他掌握的特殊资料，取得成功。但他现在面临着重要的抉择，怎样才能完成这样一个代价高、危险大的事业呢？

如今他已被自己的国王所抛弃，就连他所认识的葡萄牙船主，也未必会帮他，因为他们不敢把自己的船托付给失宠于宫廷的人。唯一的出路就是：求助于西班牙。

1517年10月20日，绝望的麦哲伦和自己多年来形影不离的奴仆亨利一起来到了西班牙的塞维利亚。此时，麦哲伦最需要的就是有一个人能将他引荐给国王。而且在

↑麦哲伦

与那些手握财政大权的人物谈判之前，还必须得到一些有影响的富商支持。

好在麦哲伦早在葡萄牙时就安排好了。现在他已受到了迪奥古·巴尔波查一家的热情接待。此人过去也是葡萄牙国籍，现今为西班牙服务，担任塞维利亚要塞司令的要职已达 14 年之久。这位备受全城尊敬的要塞司令，对这个新来乍到的外地人来说，是个理想的保护人。

巴尔波查曾在印度洋航行过，不过比麦哲伦早很多年。他的儿子杜亚脱·巴尔波查继承了父亲的探险事业。后来还写过一本当时颇有价值的书《杜亚脱·巴尔波查文集》。这三人一见如故且成了好友。巴尔波查热情好客，请麦哲伦住在他家。

时隔不久，巴尔波查的女儿俾脱利兹开始对 37 岁的麦哲伦表示倾慕之情。没等到年底，麦哲伦已自称是司令的女婿，从而在塞维利亚取得了地位和靠山。

通过巴尔波查的举荐，麦哲伦见到了西班牙的国王。他不仅随身带去了里斯本国库的宝贵资料，还要向西班牙提供情报，证明西班牙的选择是正确的，这对他的事业很重要。

国王为此召开了御前会议，麦哲伦需要做的就是说服御前会议的所有人通过他的探险计划。此时麦哲伦已一无所有，无可再失。于是他昂首阔步来到御前会议，力陈己见，争取达到目的完成自己的使命。

关于这次重要的御前会议，资料并不全，因此众说纷纭。但有一点是毋庸置疑的：这个肌肉发达、皮肤黝黑的人，举止谈吐一开始就给人以深刻的印象。国王的谋士们看清了这个葡萄牙人不是说空话的幻想家。他确实去过东方，当他谈到"香料群岛"的地理状况、气候条件和无穷的财富时，听起来比西班牙的所有档案资料都真实可信。当麦哲伦再将从马来亚带回来的奴仆亨利叫到身边时，谋士们对从未见过的马来亚人感到愕然。麦哲伦还宣读了他的朋友法兰西斯·谢兰的信件作为最有力的证据，信中写道："这里是新世界，它比瓦斯科·达·伽马发现的地方还要辽阔和富饶"。引起这些达官显贵的兴趣之后，麦哲

查理一世，西班牙国王（1516—1556），神圣罗马帝国皇帝（1519—1556）。1516年其外祖父斐迪南二世死后，继西班牙王位。其祖父马克西米利安一世是神圣罗马帝国皇帝，1519 年去世，查理一世又继承了其祖父的帝位，称查理五世。

伦这才转而谈及自己的结论和要求，那就是：如果西班牙政府能给他提供一支舰队，他愿为国王效犬马之劳。

在决定胜败的关键时刻，一位颇有名气的船主赫里斯托福尔·德·阿罗突然来到了塞维利亚。他是一个富商，很了解麦哲伦，对他也很信任。他表示如果西班牙宫廷拒绝投资的话，他愿与其他商人一起合伙为麦哲伦装备一支舰队。

这项突如其来的建议，使麦哲伦对成功的可能性信心倍增。当他再次来到宫廷的时候，他已不再需要金钱，只是请求给予他悬挂西班牙国旗航行这一荣誉。经过为时不久的讨价还价，麦哲伦的一切要求全部得到满足，事情很快经过各层机关批准，其速度之快在西班牙政府机构中是罕见的。

🔲 塞维尔曾是一个重要的港口，西班牙的船队从新大陆运来大批黄金、白银，经过塞维尔转运往欧洲各地。

1518 年 3 月 22 日，西班牙国王同麦哲伦签署了双边有效协定。按照协定，麦哲伦被任命为探险队的首领，探险过程发现的任何土地，全部归国王所有，麦哲伦及其子辈和继承人，将享有所有这些土地和岛屿的总督封号。另外新发现土地全部收入的 1/20 也归麦哲伦所有。为了监督麦哲伦，国王还派了皇室成员作为船队的副手。

一个举目无亲、被抛弃、受歧视的穷汉就这样一夜之间变成了海军上将，统帅整个舰队。

漫长的征程

1519 年 9 月 20 日晨，在西班牙塞维利亚城的桑卢卡尔港，隆隆的炮声送走了人类有史以来最奇异的远航。

舰队中最大一艘船是载重量为 120 吨的"圣安东尼奥"号，麦哲伦将此船交给卡尔塔海纳指挥；而船长的旗舰则选中了"特立尼达"号，这艘船的载重量比"圣安东尼奥"号少 10 吨。其余的船只按大小排列是：载重量 90 吨的"康塞普逊"号由凯萨达担任船长；载重量 85 吨的"维多利亚"号由缅多萨指挥；载重量 75 吨的"圣地亚哥"号由茹安·谢兰指挥。麦哲伦坚持用各种不同类型的船只组成舰队，其

🔲 麦哲伦画像

1517年，麦哲伦离开了葡萄牙，来到了西班牙塞维利亚并又一次提出环球航行的请求。塞维利亚的要塞司令非常欣赏他的才能和勇气，答应了他的请求，并把女儿也嫁给了他。

中最小的船只可用作先遣侦察。不过这只舰队在茫茫大海上都要求航海技能很高的人员驾驶。265名船员怀着同样虔诚的心情注视着主宰着他们命运的麦哲伦。

起航后的第六天，舰队抵达加纳利群岛。在这里，5艘船只接受了最后一次检验，装载了最后一批粮食。不久，麦哲伦的岳父迪奥古·巴尔波查来信告诉女婿：他从可靠方面得知，西班牙船长秘密策划途中破坏誓言，反对麦哲伦。搞阴谋的头子就是卡尔塔海纳。麦哲伦没有理由怀疑这一警告的真实性，面对这种显而易见的危险，麦哲伦只有更加坚定沉着。他复函巴尔波查，自豪地回答说："不论发生什么事情，他将誓死效忠国王。"

远航之中困难重重，在茫茫无际的大海上，5艘船保持队形并非易事，好在他们在出发前就征得西班牙王室的同意，制定了保持各船之间经常联系的特别制度，那就是在大洋上对他们起作用的仅是这样一道命令：跟随领队的旗舰"特立尼达"号成单纵队前进。

几天来，船员们都紧紧跟随着旗舰前进。然而他们沉默、矜持且难以接近的上将在到了应该去往巴西的航线上时，突然改变了航向，朝着大大偏南的方向驶去，沿着非洲海岸直至几内亚。至于什么原因迫使麦哲伦改变航行路线？我们不得而知，也许是因为他想在那里碰上信风，或许是为了躲避葡萄牙船只，因为当时谣传葡萄牙伊曼纽尔国王已派兵船去巴西截击麦哲伦的舰队。总之，在傍晚时分，当5位船长碰面时，卡尔塔海纳开门见山地问："为什么违背原来指令改变航向？"

卡尔塔海纳就是由国王任命作为舰队督察的那个人，他是舰队里最大船只的船长，也是西班牙王国的官吏，按说由他来询问上将为什么会改变既定航向，也是合情合理的。但麦哲伦为了他的威信，没有做何解释。他们俩现在都有权拿国王的旨令做依据。麦哲伦依靠"他是舰队唯一的最高统帅"的协定，对卡尔塔海

麦哲伦航行

纳提的第一个问题粗鲁地回答说,大家都应该跟随他前进,谁也无权要求他解释。

麦哲伦的一意孤行,使得整个航行损失了两周的时间,卡尔塔海纳终于忍无可忍,他要让全舰队看看,麦哲伦不听劝告,不接受批评,他卡尔塔海纳并没把这个庸碌无能的航海家放在眼里。

当晚,卡尔塔海纳的"圣安东尼奥"号照常驶近"特立尼达"号做报告,听取麦哲伦当天的指示。但他第一次破例没有登上甲板,而是派了个水手长代表自己,借此向其他各船表示反对葡萄牙指挥官的独断专行。

这位西班牙骑士公开向葡萄牙人提出坚决挑战。其实麦哲伦已在准备反攻。但他考虑到在茫茫大海上不能贸然撤掉比旗舰还要大的船只的船长职务,所以必须忍耐,寻找合适的机会。

一次,由于一个水手犯了严重的道德败坏罪,麦哲伦破天荒地第一次将4位船长都请到自己船上来议事。卡尔塔海纳又借机问麦哲伦为什么改变航线的事情,麦哲伦立刻运用国王给予他的权力,抓住卡尔塔海纳的肩膀说了声"您已是我的俘虏了",命令自己的卫兵逮捕了这个叛乱分子。

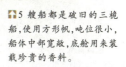

↑ 5 艘船都是破旧的三桅船,使用方形帆,吨位很小,船体中部宽敞,底舱用来装载珍贵的香料。

其他船长都被麦哲伦这一举动吓呆了。卡尔塔海纳此时虽然需要他们的帮助,但他们连抬眼瞧一瞧这个身材矮小体格健状的人的勇气都没有。后来有一名船长要求不要给卡尔塔海纳带镣铐,身边留个看守人。麦哲伦采纳了这一建议,事情就这样结束了。一小时后,"圣安东尼奥"号的指挥官已换成了另一个西班牙军官——安东尼奥·德·科卡。

11月29日,桅楼上传来了欢呼声:巴西海岸已经在望。他们不停地往前航行,舰队在12月30日经过11周航行驶入里约热内卢湾。按规定,麦哲伦不应当在那里靠岸。那时这个海湾已属葡萄牙管辖。但葡萄牙人尚未在这里设

世界大探险家成功故事

立海外商站，实际上还是块"无主的土地"。西班牙船只可以无所顾忌地来往航行，任意在这里抛锚停泊，还和当地的土著人进行实物交易。每当他们在海岸上举行庄严的宗教仪式时，土著居民就来到岸边，好奇地看到这些白人跪在矗立的十字架前合手祈祷，后来他们也随着这些白人跪倒在地，笃信宗教的西班牙人把这看成是土著居民在不知不觉中接受了基督的圣礼。

站在南美海岸，麦哲伦久久遥望着那没有尽头的蛮荒的海岸线，苦苦思索着那条神秘的海峡，他确信海峡就在南美的某个地方，他似乎听到了神秘海峡的召唤，于是他毫不犹豫地起航沿南美海岸南行。然而船队一连走了几个月，所到之处仍然是坚固的陆地，根本没有海峡的影子。而麦哲伦的固执简直不可理喻，他命令船队放慢速度贴着海岸航行，不放过任何一个海湾，并且对每一个海湾都要进行仔细勘测。1520 年 1 月 7 日，探险队在一望无际的平原上看见了一座不高的小山（即蒙得维的亚山）。随之避开了猛烈的风暴，驶入一个辽阔无垠向西无限伸展的海湾。当时船上所有的人见到这大浪滔滔的水路之后，都一致断定他们发现了渴望已久的海峡。然而随着船队在海湾中的前进，发现海水变成了淡水，原来此处只是一个宽广的河口，这就是今天乌拉圭的拉普拉塔河的入海口。

2 月 24 日舰队又驶进了辽阔无垠的圣马提阿斯湾，令他们失望的是这仍是一个封闭的海湾。此时的南半球与北半球的季节刚好相反，3 月的南美洲已临近冬季，吼叫的寒风连同刺骨的大浪一起击打着舰船，海岸荒凉得不见一只野兽。舰队顶着恶劣的气候继续向南行驶，船员们几乎每天都同飓风搏斗，渐渐厌倦了在海上漂泊的日子，流露出不安的情绪，但麦哲伦对此依然不做声，依然按着他的计划命令舰队前行。到了 3 月底，船队在荒凉的海岸上又发现了一个海湾。麦哲伦一见，心中不免涌现出一丝希望，不知这海湾是不是直接通向大洋？然而现实仍旧让他失望了，这仍是一个封闭的海湾，一个不缺淡水和鱼的地方。

在这个南纬 49° 无人知晓的地方。船长命令在此抛锚，在圣胡立安海湾安营扎寨准备过冬。大家为之惊讶，甚至感到这是一个令人恐惧的地方。而此时麦哲伦又做

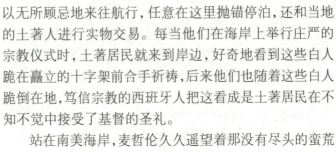

🏛里约热内卢，巴西第二大城市，人口 900 万人。以葡萄牙语为官方语言。

出一个大胆的决定:下令节约粮食储备。这使得紧张的气氛更加凝重,而这种气氛总有一天会演变成狂暴的叛乱。

麦哲伦决定采取友好态度改变这种局面,他正式邀请其他船长们同他一起做复活节的晨祷,然后请他们在旗舰上共进午餐。但这一邀请被贵族们彬彬有礼地谢绝了。除了他自己任命的一个船长外。其他三位船长用拒不赴宴的方式公开发起挑战,大声向他宣告:"弦已绷紧了! 你要当心,要不然就改变主意!"

此时,埋伏在船队中的奸细认为时机已到,便四处煽动起来,说麦哲伦找这条海峡,就像哥伦布在大西洋里找中国和印度一样荒唐可笑。面对众多的反对声,麦哲伦坚定地回答:"我绝不会后退半步,除非我死了,我一定要找到通往大南海的海峡,到达香料群岛。"

一个漆黑的夜晚,一场叛乱开始了,麦哲伦方寸未乱,他凭着军人的果敢和机智迅速平定了叛乱。他将为首的叛乱分子或处死,或驱逐,但宽恕了参与叛乱的水手们。如此一番整治,船队里再没有谁反对他了。

伟大的时刻

🔶 麦哲伦画像

严冬刚过,麦哲伦就派遣忠实可靠的谢兰船长所指挥的"圣地亚哥"号去侦察。船只去探查时遇难,没能按时返回。但从死里逃生的谢兰船长口中得知他们发现了圣克鲁斯河。那次他们损失了一艘最适于侦察用的快速船!

1520 年 8 月 24 日,寒冷的冬季迫使舰队在圣胡利安湾停留了将近 5 个月。 整整一年的时光一事无成。舰队驶离圣胡利安湾时,所有人都默默无言,不知前方等待着他们的是什么。而麦哲伦也第一次给自己留了退路,第一次对自己的船长们承认他们寻找的这个海峡可能根本不存在,也许在南极水域。当时麦哲伦的处境恐怕是历史上最捉弄人、最令人难堪的了。

两天之后,舰队停在了谢兰船长发现的圣克鲁斯河口附近,他们又得在这儿进行两个月的修整。其实这一天麦哲伦已经到达了目的,但命运又跟他开了一个天大的玩笑。

Prima ego velivolis ambivi cursibus Orbem,
Magellane novo te duce ducta freto.
Ambivi, meritoq́ vocor VICTORIA: sunt mi
Vela, aliæ; precium, gloria; pugna, mare.

▲维多利亚唯一麦哲伦的
船队完成了环游船舶。

当麦哲伦在这漫长的两个月中苦苦思索着他是否能找到"海峡"的时候，那个使他名垂青史的海峡离他却只有2天的路程。

10月18日麦哲伦下令起锚。举行了隆重的弥撒，全体船员进过圣餐，然后扬帆起航向南驶去。不久，眼前出现了一个很深的海湾，麦哲伦下令"圣安东尼奥"号和"康塞普逊"号进入海湾深处进行勘察，并且需在5天内返回。旗舰和"维多利亚"号则留下勘查濒临大海的海湾，这是他为最后一次尝试尚能投下的最后一个赌注。

一个伟大而富于戏剧性的时刻到来了。5天过去了，两艘船一艘也没有回来。而且还一次又一次地放着礼炮，要知道他们平时把一小撮火药都视如珍宝。麦哲伦简直不敢相信自己的耳朵。这是在向他们报告胜利的消息。

麦哲伦命令他的两艘舰船向神秘莫测的海域挺进！他们沿着迂回曲折的水路，迅速前进！越来越多的迹象表明这是一条通往汪洋大海的航路。他们征服了一个个峡谷、一个个隘路，胜利就在眼前。

麦哲伦派出了一只小艇做初步侦察，要求在3天之内返回。果然在第3天，他派出的小艇按时返回。他们终于找到了海峡的出口，他们还亲眼看见了海峡连接的那个大海——"大南海"！

这一刻是麦哲伦一生中的最伟大的时刻，是最高兴的时刻，也是一个人一生中只能享受一次的时刻。一切都将如愿以偿，他实现了向国王许下的诺言，实现了无数前人梦寐以求的梦想：他找到了通向另一个前人不知的海洋的航路。由于发现海峡的那天恰好是万圣节，因此麦哲伦把海峡命名为"万圣海峡"。后人为了纪念麦哲伦这次探航的功绩，把这条海峡命名为"麦哲伦海峡"。如果你打开世界地图，就可以在南美洲的南端，南纬52°的地方找到它。

不久，忠实的谢兰率领的"康塞普逊"号也回来了，但最大的那艘"圣安东尼奥"号却没有回来，关于"圣安东尼

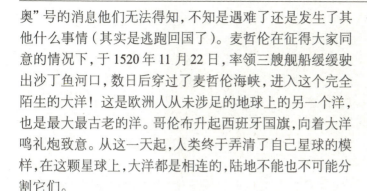

奥"号的消息他们无法得知，不知是遇难了还是发生了其他什么事情（其实是逃跑回国了）。麦哲伦在征得大家同意的情况下，于1520年11月22日，率领三艘舰船缓缓驶出沙丁鱼河口，数日后穿过了麦哲伦海峡，进入这个完全陌生的大洋！这是欧洲人从未涉足的地球上的另一个洋，也是最大最古老的洋。哥伦布升起西班牙国旗，向着大洋鸣礼炮致意。从这一天起，人类终于弄清了自己星球的模样，在这颗星球上，大洋都是相连的，陆地不能也不可能分割它们。

麦哲伦的船队驶入了一望无际、一无所知的大洋，海面上是那么的风平浪宁，麦哲伦于是亲切地将这片大南海称为"太平洋"。这便是太平洋名称的由来。

船队在这片大洋中航行了3个多月，数月以来船员们备尝艰辛，已经虚弱不堪。他们面临着饥饿和苦难的威胁，好几个月未见过酒、新鲜的肉和面包。他们一无地图，二无测量数据，在死一般的寂静中，在永远不变的单调生活中煎熬着，这对人是一种多么残酷的刑罚啊！在这漫长的航行中，粮食储备越来越少，处境十分困难。司务长每天发给船员的食物，早已像粪便一样臭气熏天。就连淡水，也由于日光的曝晒，早已在肮脏的皮囊和水桶里变了味。这些可怜的人为了润一润冒烟的嗓子，一天也就只能捏着鼻子喝一口。面包干早已变成

灰色，其中蛆虫麇集，还掺杂着老鼠屎。为了辘辘饥肠，船员们甚至会把可憎的老鼠生吞下去。船员中患坏血病的人日益增加，很多人相继死去。

孤独的舰队在茫茫大海上漂泊了整整3个月零20天，船员们受尽了人们难以想象的一切苦难，包括人间最可怕的痛苦：绝望的痛苦。

1521年3月6日，桅楼上又发出了欢呼声："陆地！陆地！"这是3个多月来他们首次见到陆地。船队在马里亚纳群岛中的关岛首次登陆，100多天以来第一次弄到了新鲜食品。3月9日，船队继续起航，向西南方向进发。最后

在今菲律宾群岛的马萨瓦登陆,面对岸上聚集的大量土著人,麦哲伦命令自己的马来亚奴仆亨利先上岸去打探一下情况,亨利走到土人中间,这是海洋探险史上最激动人心的时刻:亨利竟然听懂了岛民们的话语,那是他本民族的语言,这些土人都是他的同胞,亨利扬起头,泪水在他的面颊上流淌,从多年前离开苏门答腊,跟随麦哲伦从印度到欧洲,从大西洋到太平洋,他整整绕了地球一周,终于又回到了家乡。

4月7日,舰队驶进宿务岛。外交事宜办妥之后,开始了正式的礼仪往来和商品交换。在此期间,麦哲伦始终试图通过和平途径促使这些地区归属西班牙。4月17日这一天,在刚刚劝服宿务岛酋长皈依天主教后麦哲伦踌躇满志地登上不远处的麦克坦岛,希望同样能说服此处的土著。但岛上的土王西拉布拉布早就对宿务岛的统治者不服,麦哲伦本不想真正使用武力,希望和那个土王讲和,但是土王不服,最后麦哲伦只有付诸武力。

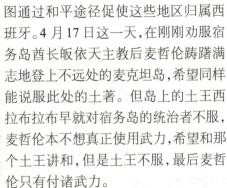

🔹 由奥特利乌斯于1589年绘制的地图。大概是第一张印有太平洋的印刷地图。

4月27日,在准备一个小小的军事行动的过程中,麦哲伦有生以来第一次忽略了他自己最大的特点:谨慎细致和深谋远虑。一次轻率的冒险活动,使这位上将丢掉了性命。船员们看着岛上的土著居民将他们的上将打倒在地,并用长矛刺向他的心脏,就这样杀死了他们的心中的明镜,他们的光明,他们的安慰,他们的首领。

这位历史上最伟大的航海家,在自己最荣耀的时刻,在同一群赤身裸体的岛民的小冲突中,毫无意义地牺牲了。而且最后也无人知道麦哲伦的遗体是怎样被处理的。这个探索出茫茫大洋最后一个秘密的人的踪迹,就这样神秘地湮没无闻了。

死亡之谜

1519年9月20日,麦哲伦率领的船队向西面进发,他们从圣罗卡起航后，穿越了大西洋，又沿南美洲大陆的海岸南下，穿过后来被命名的麦哲伦海峡，进入太平洋，至1521年4月7日抵达菲律宾的宿务岛时只剩下3条船了。现在，每当我们提起麦哲伦时，马上就会联想到他带领船队完成人类历史上第一次环球航行的壮举。可令人遗憾的是我们很少注意到，麦哲伦本人并没有完成这次具有历史意义的航海，他在途中的一次激烈战斗中丢了性命。至于麦哲伦究竟是怎么死的？目前大致有3种说法：

一是认为麦哲伦干涉岛上的内讧，在一次战斗中被杀。持这种观点的人认为，当船队西行来到现在的菲律宾群岛时，麦哲伦发现群岛上的两个小岛正为一些事务发生争执，于是他想通过插手两个部族的械斗，从而达到控制这块美丽富饶地方的目的。但是，事实是当事者中的一个部族气愤地拒绝了麦哲伦的调解。因为他们认为麦哲伦的评判是不公正的，因此发起了武装攻击。当麦哲伦他们在帮助一个部族进攻另一个部族时，吃了大败仗。麦哲伦被活活打死，他的助手卡诺带领剩下的两条船逃离了这个群岛，向东南方行进，越过马六甲海峡，经印度洋西航回国。就是这样的行为，葬送了这个大探险家。干涉别人的内政实在是一件吃力不讨好，而且颇具危险的行动。麦哲伦或许没有想到，他是因为干涉他国内政而招致杀身之祸的。

二是认为麦哲伦是在同菲律宾人的冲突中战死的。持此说法者认为，麦哲伦经过长期的旅行后，已没有食物可吃，在这种情况下，这个远征队到达了拉德隆群岛。他们发现了菲律宾群岛，在这里同菲律宾土人发生了冲突，麦哲伦最后战死了，其他几名船长也被杀死了。毕竟长时间的航行中，人们在缺乏粮食的情况下，不得不用牛皮、木屑和老鼠来充饥，疾病又夺走了很多人的生命，在九死一生的环境下食物就是生命。从实际情况来看，因饥饿而和当地居民发生冲突是无法避免的。

三是认为麦哲伦在岛上进行侵略活动，被当地居民杀死。当麦哲伦一行来到宿务岛时，富庶的岛屿立即引起了麦哲伦的极大兴趣，他决心把这个异国的岛屿变成西班牙

菲律宾群岛，亚洲南部马来群岛的组成部分。西濒南海，东临太平洋。群岛由7100多个岛屿组成，是菲律宾的国土。

的殖民地。在宗教外衣的掩护下，麦哲伦动用武力强令当地的酋长胡马波纳皈依基督教，并让他起誓服从于西班牙国王。离宿务岛不远的麦克坦岛上小酋长普拉普对胡马波纳的卑鄙行径恼怒万分，发誓要杀死一切投降者，并对麦哲伦的警告不屑一顾，声称他不会放弃原来的信仰，并且也决不听从入侵他的国家的陌生人的任意摆布。麦哲伦得知后，愤怒到了极点，当即决定派兵攻麦克坦岛。恣意妄为的麦哲伦认为对手不过是一群草寇，因而没有让经验丰富的军官参战，同时也拒绝了降服于他的几位其他部落的头领提出的帮忙的请求。他匆匆召集 350 名志愿者，其中大多为缺乏作战经验的士兵、普通水手、厨师、侍从等，便气势汹汹地扑向了麦克坦岛。谁料到，拉普手下的人都是些骠悍善战的勇士。结果，麦克坦人把这些西班牙航海者杀得大败，麦哲伦本人及其 7 名随从在激战中被杀。

↑ 麦哲伦被刺的情景

关于最后一点，其实有传闻说麦哲伦的随从有些是死刑犯人。他们如果不航行就必须死，所以才接受了这个生死未卜的任务。而他们的航行目的美其名曰是探险，还不如说是殖民掠夺。最后一种假设实际上就是麦哲伦奉旨抢劫的后果。

麦哲伦究竟因何而死，目前看来还难以达成共识，有待人们进一步研究。

悲壮的凯旋

在这场毫无意义的战斗中，舰队中牺牲了 8 人。在战场上这样的数字是微不足道的，但是上将的阵亡却使它变成了极大的灾难。

剩余的船员在返回的途中再次点名，他们只剩下 150 人了。在塞维利亚上船时是 265 人，所剩人员如此之少，分在 3 艘船上显然不可能了，因此只好牺牲一条船。"康塞普逊"号被船员付之一炬。

原麦哲伦的旗舰"特立尼达"号和小小的"维多利亚"号返航。后者没有辜负自己这个骄傲的名字,它使麦哲伦的伟大志向永传后世。

1521 年 11 月 8 日,他们终于在提多尔岛抛锚。"特立尼达"号和 51 名船员一起留在提多尔岛,其余的船员随"维多利亚"号的军官起程回国。

1522 年 9 月 6 日,船队越过马六甲海峡,经印度洋、过好望角,辗转一年多,终于回到了西班牙。当"维多利亚"号载着仅剩的 18 个人摇摇晃晃地回到西班牙时。所有人都沸腾了,他们做了前人未做的事! 他们是第一批绕地球航行一周的人!

这就是著名的麦哲伦环球航行。麦哲伦这位坚强的探险家,完成了有史以来最辉煌的旅行,证明了大地球形说的正确;在人类还没有从外太空观测自己星球的时候,这名葡萄牙军人在 500 年前就用勇气和意志弄懂了地球的形状 。

后 记

几千年来人们一直在探索地球的形状,但始终一无所获。

麦哲伦的环球航行证明了地球是一个旋转的星球,地圆说得到了证实,对科学发展和新宇宙观的形成具有重要意义。他证明了地球表面大部分面积是海域,而非陆地,世界的海洋是一个统一体,从海洋上可以环绕地球航行。

麦哲伦的突出贡献不仅在于环球航行本身,而且在于其坚定的信念和对这一事业的出色指挥。他完成了前人不敢想、不敢做的伟大事业。

麦哲伦征服了如此辽阔的海域,不仅使人类看清了地球的形状,同时也认清了自己的力量,麦哲伦通过自己短暂的一生,把无数前人难以实现的梦想变成了现实,他为世界文明的进步所作出的巨大贡献是不可磨灭的。

位于智利蓬塔阿雷纳斯的麦哲伦塑像。塑像看往麦哲伦海峡的方向。

大事年表

1480 年	生于葡萄牙北部波尔图的贵族家庭。
1490 年	进入王宫服役，充当王后的侍从。
1496 年	进入葡萄牙国家航海事务厅，熟悉了航海事务的各项工作。
1505 年	参加葡萄牙海军去印度作战。
1511 年	12 月参加了一次侦察航行，到达班达岛后，带了一批香料于 1512 年回里斯本。
1513 年	随军攻打摩洛哥要塞阿萨莫尔，因受伤终身跛脚。
1517 年	麦哲伦偕同宇宙学者法莱罗去西班牙，放弃葡萄牙国籍，转为西班牙国王查理一世服务。
1518 年	出任远征船队队长，为西班牙开辟新的路线。
1519 年	9 月 20 日船队起航，265 名水手来自 9 个国家。9 月 26 日到达特内里费岛，10 月 3 日继续向巴西远航，曾在几内亚岸外停泊。11 月 29 日航行到圣奥古斯丁角西南方 27 里格处（1 里格约为 5 千米）。绕过卡布弗里乌之后，12 月 13 日，船队到达里约热内卢湾。次年 3 月到达圣朱利安港。
1520 年	8 月 24 日离开圣胡利安湾，船队继续南下，10 月 21 日绕过维尔京角时，在南纬 52°50″处进入他们要找的海峡（后以麦哲伦的名字命名）。10 月 28 日进入"大南海"。因此海域风平浪静，被称为"太平洋"。
1521 年	1 月 24 日来到土阿莫图群岛的普卡普卡。
1521 年	4 月 27 日麦哲伦在麦克坦岛上与当地人作战时被杀。

詹姆斯·库克

1728 年，詹姆斯·库克出生在英国北部的一个小村庄。18 岁时他第一次随船出海。1775 年加入皇家海军，此后成为了一名航海和制图专家。1768 年，库克受命担任皇家海军太平洋考察队队长。在其后的 10 年间，他带领考察队先后进行了 3 次史诗般的航行，足迹遍布未知的太平洋，揭开了地球上最大水域的地理秘密。在探险过程中，狂风暴雨、惊涛骇浪、冰山、珊瑚礁、热带酷暑和南极严寒等艰难险阻，不断地向他袭来，直到他们 1779 年惨死在夏威夷岛民手中。在人们的记忆中，库克船长是"水手中的水手"，在探险史上，还没有哪个人可与他的成就相媲美，世界地图将永远带着他的印记。他以确凿的事实证明了地球是圆形的，这在人类历史上，永远是不可磨灭的伟大功勋。

好学的年轻人

克利夫兰地区属英格兰东北部的北约克郡,乌斯河与德文河是主要水系。约克谷地是粮食产区,南部是重要的马铃薯产区。工业不占重要地位。

惠特比位于英国东海岸中部埃斯克河的入海口。它离北约克郡不远,这儿的人们以捕鲸为生,终日在风口浪尖上与命运搏斗。

人们常称英国人是岛民,是面向大海的民族。18世纪海上探险家中最伟大的人物——詹姆斯·库克船长,就是这个民族造就出来的。

1728年,库克出生在英国约克郡克利夫兰地区马儿顿的一个村庄。父亲是一位苏格兰农业工人,后来受雇经管一家农场,母亲是位俭朴的约克郡村妇。库克从小就天资聪颖,经常在父亲受雇的农场嬉戏玩耍,在他稍大一些的时候就帮助父亲干活。很快,他的潜力引起了父亲雇主的注意,后来雇主就自己出钱,让库克到本村只有一间房屋的学校读书。

可惜詹姆斯在学校学习的时间并不是很长,在他约15岁的时候,被带到一个名叫斯太兹的小海港,给一家杂货店的老板和缝纫用品商威廉·桑德森当学徒。在这里,他能听见海鸥的鸣叫,能闻到海水的味道,能听见风的呼号和海浪击打海岸时发出的声响。后来,他请求桑德森放他走,等到桑德森点头同意时,库克立刻动身来到约20千米以外的大海港惠特比,并在1746年7月成为运煤船船长亨利和约翰·沃尔克俩兄弟的一名学徒。

在此后9年的大部分时间里,库克先后在几艘往来于纽卡斯尔、伦敦、挪威和波罗的海沿岸港口的运煤船上做事。闲暇时间,他就会到自己的一位上司家中看书,在那里他能找到任何书籍,库克最感兴趣的就是数学和天文学。库克对航海有与生俱来的悟性,在航行过程中,无论是碰到近海危若累卵的风暴还是变化莫测的潮水,他从不紧张。沃尔克兄弟俩很快注意到了这个总是如饥似渴地学习并且能迅速地掌握航海知识的小伙子,因此不断地提拔他,库克也因此从水手开始,直到最后升任为大副。

1755年,沃尔克兄弟让库克当他们运煤船的船长,库克婉言谢绝了这一邀请。对他来说,他早已厌倦了在浓雾弥漫的北海上运煤,他渴望的是能够到从未到过的海面上航行。因此库克辞去了他本应有的美好前途和舒适生活,加入了皇家海军,并当上了一名下级水手。那时候,当皇家海军的普通水手是一件极其艰苦的事情,这样的水兵是没人自愿来做的,通常都是一些走南闯北的人或失业的人被巡逻队抓来,强行充实队伍的。

1755年7月25日,库克以二等水兵的身份随皇家军的"老鹰"号战舰出海了。他们此行的任务是竭力阻止法国船只向北美的法属殖民地运送给养。当时为控制北美的大湖地区,英国同法国展开了一场激烈的争夺战,英国还未正式宣战,便已采取封锁行动了,"老鹰"号战舰就是这次行动计划中的一员。与沃尔克兄弟许给他的船长职位相比,库克的二等水兵待遇要差得很远,但他的学识和才干很快得到"老鹰"号战舰舰长的赏识,不到一个月,就被提升为该舰的大副了。

英军封锁法军航道的行动最终导致了两大强国在1756年爆发的一场战争,这场战争在美洲被称作法国印第安人战争,在欧洲则被称作是七年战争。在此期间,库克继续在海上积累经验,并担任新的职责。在与法军再次发生海上冲突并赢得胜利后,库克又被提升为副舰长。副舰长的主要职责是确保舰只适于航行,管理船员和指挥航行,另外,测量水深和方位,在航海日志上记录有关的信息也在他的职责范围之内。

1758年,库克已成为重1250吨并配备64名炮手的"彭不罗克"号舰副舰长。1759年初,该舰参与英军在圣劳伦斯河上阻止法国船只向殖民地堡垒魁北克运送给养的封锁行动。后来,英国战舰驶

圣劳伦斯河是北美重要的大河之一。水量充沛,水质含泥沙量较少,从安大略湖东北端流出,向东北注入大西洋圣劳伦斯湾。

⬆ 库克妻子伊丽莎白·库克

入圣劳伦斯河,库克成功地驾驶庞大的"彭布罗克"号,在狭窄弯曲、浅滩密布的河道上航行,立下了战功。

到了 1760 年,魁北克和蒙特利尔均落入英军之手,已担任"诺森伯兰"号副舰长的库克也完成了圣劳伦斯河的勘查工作,开始绘制新斯科舍海岸图。这些权威的地理勘测成果在随后的一个多世纪里一直被人们所使用。而库克的名声也在皇家海军、英国和欧洲大陆不断传扬。学术界以及军界都很满意地注意到库克的地图和海图的质量和精确性。

库克在他取得探索家和勘测家的名声之后还设法继续学习,并且掌握了数学、天文学和航海方面的大量知识。

库克在北美洲履行军务之后便返回家中长住,在他 34 岁的时候,娶了 21 岁的伊丽莎白·巴茨为妻。夫妻二人在 1763 年共同生活了 4 个月后,库克又被派往北美洲,负责首次勘测纽芬兰海岸的工作。随后的 5 年时间都是在外面奔波,在每年的冬天他会回到英国,和家人(库克夫妇共生育 6 个孩子,有 3 个孩子早夭)在一起生活 4 个月。

⬆ 由于水星、金星是位于地球绕日公转轨道以内的"地内行星"。因此,当金星运行到太阳和地球之间时,我们可以看到在太阳表面有一个小黑点慢慢穿过,这种天象称之为"金星凌日"。

探险之启蒙时代

在 18 世纪的一个时期内,欧洲的知识界经历了一场伟大的运动,即启蒙运动。当时英国的皇家学会是英国首屈一指的科学团体和启蒙思想的重要阵地。1768 年该学会建议派考察队前往太平洋,观察金星凌日这一天象,由此来判定太阳系的规模。太阳系的规模是 18 世纪科学界最主要的难题之一。在当时,天文学家只知道绕太阳公转的 6 颗行星,而没有发现天王星、海王星和冥王星。另外,他们也只知道这些行星的相对间距(以木星为例,它与太阳的距离是它与地球之间距离的 5 倍),但每个星球之间的距离到底有多远? 这一切还是未知数。而金星则是揭开这一谜底的关键,因为从地球上看,

金星偶尔会穿越太阳。著名天文学家哈雷推断，如果能从地球上不同的地方观测到金星凌日现象开始和结束的时间，天文学家就有可能运用视差原理计算出地球与金星的距离，然后才能测算出太阳系中剩余星体的规模。

开始为这次旅行做准备的时候，英国海军部和皇家学会就这支考察队领导的人选进行了讨论。皇家学会提出由平民探险家亚历山大·达尔林普尔担任队长，但海军部坚持由一位皇家海军军官来领导这次考察活动。最后被双方都认可为最合适的人选就是詹姆斯·库克。

海军部坚持由皇家海军军官担任考察队队长职务的消息很快惊动了细心的观察家，其中包括为英国的对手工作的间谍。他们都感觉到即将开始的航行决不仅仅是皇家学会的一次纯专业的考察，而是英国另有所图。事实也确实如此，库克此行还肩负着另外一个秘密使命，这甚至要比观测金星凌日现象更为重要，那就是寻找神秘的南方大陆。

很早以来，甚至远在古希腊，所谓南方大陆问题便一直是学者们长期讨论的焦点。有一种理论认为：北半球大陆较多，由此从平衡地球重量的角度来看，南半球也应有一块大的陆地。否则地球自转将会由于失去均衡，出现左右摇晃的现象，而事实上地球自转一直很稳定，由此可以猜想：在地球的南端一定存在一块庞大的陆地，同北半球的陆地形成对称。另一种理论则更进一步地发挥了这个猜想，认为在以南极为中心的地区，还有一块更大的土地。而当时一些人则认为：所谓的南方大陆就是当时已经发现的澳大利亚与新西兰的综合体。但由于新西兰和澳大利亚陆地的面积尚未搞清楚，所以很多人又认为新西兰和澳大利亚也可能是南方大陆的一部分。1767年，发现了塔希提岛的沃利斯探险队宣称，他们曾在太平洋上的落日余晖中瞥见过南边大陆的群山；接着英国极负盛名的空想探险家亚历山大·达尔林普尔又很快计算出这个大陆的人口为5 000万。这一发现

🔺海军上校詹姆斯·库克，人称库克船长，是英国皇家海军军官、航海家、探险家和制图师，他曾经三度奉命出海前往太平洋，带领船员成为首批登陆澳洲东岸和夏威夷群岛的欧洲人，也创下首次有欧洲船只环绕新西兰航行的纪录。

震动了整个欧洲。英国政府对沃利斯探险队的这一发现表示了极大的兴趣，为了赶在别国之前抢先发现和占领这块大陆，扩大英帝国之版图，英国政府选派库克出海远航，寻找这个带有神奇色彩的南方大陆。

这次航行的准备工作迅速展开，海军部选中的是一艘载重量为368吨的运煤船，取名为"努力"号，这令库克感到非常满意。这艘被选中的船只对这次漫长艰苦的航行来说无疑是无可挑剔的，后来发生的情况也证明了这一点。

"努力"号上配有94人，很多都是库克以前从事商业运输的朋友以及和他一起战斗过的战友。库克对这些人了如指掌，对他们的能力极其信任，因此他们成为船员中的骨干力量。另外，由于考察队肩负着多项考察任务，船上还有一些来自其他领域的人员。除了天文学家查尔斯·格林外还包括两位年轻的植物学家约瑟夫·班克斯和丹尼尔·卡尔·索兰德以及两位画家亚历山大·巴肯和西德尼·帕金森。画家是这次旅行中不可缺少的，因为他们要用画笔记录考察队考察自然界和地理状况的活动。对于这次旅行，班克斯在日记中浪漫地写道："我们离开欧洲，向天堂驶去，不知道要多长时间，也许永远吧。"

↑"努力"号，是出自惠比港的运煤船，底舱大，吃水4.5米，还可以沿着海岸航行。船的吨位为370吨，长35米，宽9米，舱室原来很狭小，库克加以修改调整，以容纳学者与设备，库克还加装了6门大炮。

最后，"努力"号和它的全体船员及乘客都已经准备到位，在靠近泰晤士河河口的普利茅斯港起锚。1768年8月26日，"努力"号借着启蒙思想和帝国的东风，向塔希提岛方向驶去。

寻找南方大陆

1782年8月12日，库克船长带领"努力"号从英国港口城市普利茅斯港起锚，向塔希提岛的方向驶去。对于库克而言，这次航行的困难程度绝不亚于现代人探索月球或火星。他要带领"努力"号在浩瀚海洋上航行，去寻找一块

方圆只有 32 千米的陆地，而在航行途中，危险的暴风雨会在毫无征兆的情况下忽然出现，一些未知的危险也在海洋深处等待着他们。

"努力"号要先用去近 1 个月的时间到达第一个港口——非洲近海的马德拉岛。在船上的所有海员们发现他们的船长不仅严厉公正、要求严格而且善解人意。

1768 年 9 月底，"努力"号抵达马德拉岛。考察队在那里停留了很长时间，购买和装载了一些给养。之后就从马德拉岛出发驶向巴西的里约热内卢。据库克在航海日志中记载，在这一阶段的航行中，"有大量的海龟随着'努力'号向前游动，这些同种海龟呈灰色，体长约 4.5 米"。12 月，考察队绕过南美洲最南端的危险之地合恩角，驶向浩瀚的太平洋，沿着笔直的航线，一路朝着塔希提驶去。他们在海上航行了 1 个月以后，考察队却连陆地的影子都没有见到，库克失望地感到，南方大陆好像并不存在。不过令库克感到欣慰的是他成功制止了坏血病。在 18 世纪，坏血病一直被认为是"航海的灾难"，一些船只通常有一半船员会死于坏血病。库克在自己的"努力"号上装载了各种各样用于实验的食品，并强迫船员吃泡菜和麦芽汁等一些东西。如果有谁拒绝吃，就会遭到鞭打。事实上，在那段日子，库克平均几天就会用鞭子抽打他的船员。

1769 年，当船队终于到达塔希提岛时，库克在航海日志中写道："此时我们只有少数几个人上了伤兵名单，船员们都普遍非常健康，这主要归功于吃泡菜。"

在塔希提岛，库克将自己的"努力"号停泊在了仙境般的马塔韦湾。在这里，库克发现有两个岛民显然是头领，便请他们到船上，在甲板上与库克相见，双方还交换了礼品。两位酋长邀请库克上岸。库克、索兰德、班克斯和一堆海军士兵列队来到海滩。这是他们两个多月来第一次踏上坚实的陆地。他们确实感受到了塔希提人是多么的友好和好客。

🏝 塔希提岛是南太平洋上的波利尼西亚的一个主岛，也是波利尼西亚最大的岛屿和旅游胜地。1958 年成为法国的海外领地。塔希提岛以其迷人的风光和异国情调吸引了许多西方游客。

🔺塔希提人每天用水果向布甘维尔一行人交换他们眼中的珍宝,如铁钉、工具、玻璃珠子、纽扣以及各种小玩意。为了答谢塔希提人的招待:"我们为他们播种小麦、大米、玉米、洋葱和各种菜籽。"

在这里他们都有着各自的分工,科学家们花掉几天的时间在岛上寻找观察金星凌日的合适地点,而班克斯和索兰德迅速消失在浓浓的密林中。林子中生长着各种他们从未见过的花卉和植物,堪称是植物学家的伊甸园。班克斯甚至认为这"是世外桃源最真实的写照,是一个人想象中的理想家园"。

塔希提岛的植物群、动物群、当地居民的风俗和习惯与英国完全不同,这种差异简直到了令人惊讶的地步。"努力"号的船员既陶醉其中,又对此感到好奇。他们剩余的大部分时间,都用来和岛民们做交易并开展社交活动。塔希提人特别看重铁制品,他们用椰子、面包和庆典上使用的猪换取钉子和其他铁制品。库克对这种交换表示鼓励,他希望利用该岛的资源为"努力"号上的乘客和船员提供给养。

岛民们同这些白人的关系相处得极为融洽。塔希提人还经常会给这些客人们举行特殊的宴会,很多人很快就和岛民们建立了友谊。

然而,岛民们和"努力"号人员之间的交往也带来了一些问题。考察队到来之后不久,塔希提人就显露出令人讨厌的行为特征。用库克的话来说,岛民们"太喜欢小偷小摸了",就连他们的酋长也有这一"爱好"。这是塔希提人的一种心态,其实对于他们来说偷的这些东西自己根本用不上,况且还从来没有见过。

但后来不可避免的事情发生了。一名岛民偷走了一支来福枪并企图钻进森林里溜走。在海军士兵朝他开枪后,一场悲剧发生了。这位偷枪的岛民被打死,并且还伤了另外几名岛民。帕金森和班克斯这两位文职人员对于开枪射杀岛民感到震惊。库克也对发生这一件事表示不快,但他也认为必须教训一下塔希提人,让他们知道他们的武器是不能碰的。不过,后来事情还是很快就恢复正常了。

考察队在塔希提的工作基

🔺库克船长与塔希提人首领在谈话。

本是顺利的,在库克的日程表上,最重要的工作是观测1769年6月3日发生的金星凌日,为了这一天,库克和格林花费了大量的时间做准备。6月3日这天天气极佳。这是观察天象的绝佳时机,库克、格林和他们的助手准备好了各种仪器,从当地时间上午9点开始,一直到下午3点,仔细观察金星掠过太阳表面的情况。但由于这颗行星出现了半影,使得他们无法精确确定金星凌日从何时开始,到何时结束。为此他们感到特别失望,这次观测只能被认为是一次失败。

不过,考察人员所做的人种学调查却很有成效,因为岛民们对外族人的存在很快变得习以为常,允许他们在自己的村落周围走动。在做此项调查时,库克则在处理更带有地理和航海性质的事情。那就是在几位船员的帮助下,驾驶"努力"号上的一艘小艇,环绕该岛航行一周,绘制海岸图。

⚓ 船队再次起航,寻找新的大陆。

1769年7月13日,科学家们终于结束了对金星的观测,库克因肩负着寻找南方大陆的秘密使命,于是便命令船员开始为起航做准备。但很多船员都不像库克表现的那样急切,相反,他们非常留恋这个地方,临走的时候和当地的塔希提人相互交换了礼品和纪念品,许多船员留下了永久的纪念物——文身。塔希提人是刺文身的高手,这项技艺一直延续至今,并已成为传统。

"努力"号于7月13日驶出马塔韦湾,班克斯为离开他在塔希提结识的许多朋友而倍感悲伤,但库克却为离开这里并再度驶向大海而感到高兴。

发现大岛

"努力"号于1769年8月驶出马塔韦湾时还带了当地的两个乘客:塔希提的牧师图帕伊亚和他的仆人塔耶托。图帕伊亚是个聪明人,曾要求加入考察队。只是开始的时候库克考虑到他们能否适应船上的生活和不能保证最后会将他们送回家乡,所以库克还拿不定主意。当他知道图帕伊亚知道去塔希提以西各岛屿的路径时,库克同意他和

世界大探险家成功故事

他的仆人随船同行。

图帕伊亚有着高超的航海技术,他用了3周的时间将库克从一个岛屿带到了另外一个岛屿群。图帕伊亚知道一路过来的岛屿的名字,库克都将这些纳入了英国的版图,还根据皇家学会这一名称将给它们命名为"社会群岛"。此后,库克就按照海军部给他下达的命令,继续在茫茫的大海上寻找未知的大陆。

他们在海上航行了好几个星期,图帕伊亚肯定地说南太平洋并没有什么大陆,而他说的话只有库克一个人相信。船长坚定不移地执行他制定的营养和卫生制度,事实证明库克的做法是正确的,因为船员们始终没有受到疾病的袭击。

转眼他们在海上已经漂了一个月了,可连陆地的影子都没有看见。库克按照弯曲的航线前进,船员们开始怀疑这一带是否真的有陆地。每天清晨他们从床上爬起来就跑到甲板上看看周围有没有陆地,结果都是汪洋大海,茫茫一片。

10月初他们在海上航行已有两个月了,在船队行驶大约2414千米之后,终于看到了陆地。那是被一个年龄最小的叫做尼古拉斯·扬的船员在桅杆顶端发现的,因此就给这块陆地取名为扬尼克角。

在他们距离这块陆地越来越近的时候,新西兰北岛的东海岸出现在眼前。在崎岖的海岸线后面有密林覆盖的群山。差不多所有的船员都认定,他们找到了那块迷失的大陆,而库克不那么认为,他根据地理位置很快判断出,这就是荷兰探险家在一个世纪前发现的新西兰。

海上航行

"努力"号围着海岸绕了很大一阵子，最后才在一个深水湾中下了锚。他们很快发现，这里有几处烟火，在寂静的山林中显得格外引人注目，这里有人居住，并且很可能是土著。库克命令探险队员们不要开枪，以免惊动了这些土著。他们把自己的皮带、白兰地酒等作为礼物送给这些土著；图帕伊亚能听懂一些土著的话，他向土著们解释了探险队的意图。土著们也很高兴地送给了他们一些新鲜水果和蔬菜。但第二天，糟糕事情发生了。一个队员看见一只野兔蹲伏在草丛中，举枪便打，却误伤了一个土著。这一下几十个土著纷纷拿着石块、棍棒向探险员们扑来。图帕伊亚见势不好，连忙拖着几个队员上了小舟，回到了大船上。显然，这个地方是无法登岸了，于是库克带着几个队员划着小船另寻登陆点，这时又有两只土著的独木舟向他们划来。图帕伊亚向他们喊话，要他们靠过来，并保证不伤害他们，可是几个土著还是害怕了，掉转船头便逃。10月11日，库克和船员们几经周折，才终于设法靠了岸。

但上岸之后，他们却大失所望，这里没有任何一样他们所需要的东西，更没有什么新鲜蔬菜。因此库克把这次登陆的地方叫做"贫穷湾"。

岛上有一种土著叫毛利人。他们都身材高大、体格结实、头发卷曲、肤色红综。跳舞时，毛利人挥舞着手中的武器，歪扭着嘴巴，伸出舌头，翻着白眼，有规律地从左边跳到右边。有时用粗哑的声音伴唱，意在相互打气，并恐吓敌人。毛利人这种坚韧、勇敢和率直的性格吸引了库克，他注意到这种毛利人与塔希提人在文化和体型上有很多相似性。甚至他们的许多观念和风俗都相同，而且最令人吃惊的是：他们语言也有诸多类似之处。因此库克确信：毛利人和塔希提人都属于同一民族。

班克斯和索兰德频频上岸，在那里他们见到了欧洲人闻所未闻的各种动植物。帕金森发疯似的到各处去写生，试图记录在异国他乡见到的新的植物物种、海岸线本身和毛利人的形象。

⬆ 一名毛利酋长的肖像

↑ 新西兰南岛的边缘看到
北岛与库克海峡

库克在岸边只作了短暂的停留，并考察了几天。他发现这里不大可能是南方大陆的延伸部分，于是决定继续南行。这样"努力"号又一次驶过了南纬40°，然而仍未发现这里有什么南方大陆。于是库克下令改为向北航行，最后驶到了新西兰的北角。在新西兰北角，探险队稍作休整并补足淡水后继续前进，并于12月下旬绕过了北角。

海上天气开始变坏了，海上狂风大作，巨浪滔天，船行十分困难。"努力"号在波浪中不断地剧烈抖动着前进，终于抵达了新西兰的西海岸。为了绘制好这一地区的海岸线图，库克不管风浪如何险恶，仍然迎着风浪向南探索。他坚持按自己测量的结果来绘制每一英里的海岸线。随着"努力"号的前进，渐渐地，地图上的新西兰外形越来越不像是一片大陆，而更像是一个弯刀状的岛屿。而"努力"号则按逆时针方向围绕着这个岛屿航行。

1770年1月14日，"努力"号掉头向东，完成了一个圆形航线。库克忽然发现了一个很宽很深的海峡，并有一片碧绿的多山的陆地在向南边延伸。他感到很惊讶，这显然表明新西兰不是单一的岛，而是两个岛。但不久"努力"号就遇到了一个小障碍，船上的帆具坏了一些，船速也慢了下来。库克下令把"努力"号开进一个被他命名为夏洛特皇后湾的小港内停泊整修。这个避风港内到处鸟语花香，清泉淙淙，遍地长满了野芹和抗坏血病的药草。不过，据库克派出的侦察队回来时说，他们惊恐地看见海滩上到处都是人骸骨，当地的毛利人告诉他们说这是他们吃掉到此地来访的人而残留的遗体。大多数水手都被这种同类相食的行为吓得毛骨悚然，但班克斯对此很感兴趣，甚至买了一颗保留下来的头颅，准备带回英国

在夏洛特皇后湾修整了几天后，"努力"号又扬帆向东，

↑ 卫星拍到的新西兰

紧接着又穿过了一个狭长的大海峡，这个海峡就是现在的库克海峡。"努力"号朝南按顺时针方向绕新西兰的其余部分继续航行。库克想弄清楚新西兰的确切形状到底是什么样，结果他完成了一个8字形的海岸航行线。1770年3月底，库克再次回到了夏洛特皇后湾，他画出了第一张清晰的新西兰群岛图。这张图线条明朗，极为准确，为后来许多航海家所称道。

库克对他所发现的新西兰进行宣传，希望英国尽快实现对它的殖民占领。他在日记中说："如果有一个勤劳的民族在此定居，他们不仅很快就能有生活必需品，而且还能拥有大量的奢侈品。"这实际上是在替殖民活动作宣传，也反映了当时英国隐藏在探险和开发新大陆背后的殖民扩张的真正目的。尽管库克作了大量鼓吹，但当时的英国仍然没有力量来新西兰进行殖民扩张。直至18世纪60年代，真正的殖民活动才开始。1840年，新西兰为英国所有，成为英国很重要的一个殖民地。

"努力"号遇险

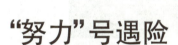

"努力"号在海上航行了两年，让库克感到失望的是：整个航行过程中，始终未找到南方大陆。此时南半球冬季即将来临，手下的海员们希望返航回家，库克自己也开始怀疑起这个南方大陆的存在了。库克不像哥伦布那样爱好想象，他更多地相信探险起初的结果。于是，库克开始为返回英国的航行制订计划。

在返航中，库克又有了个新的想法，他知道他们将很快遇到澳大利亚这个未经绘制的大陆。他很想先去澳大利亚看看这块陆地的情况，因为当时还没有一个欧洲人看到过澳大利亚的东海岸。

19天之后，海平线上隐约露出了陆地的阴影。船员们顿时激动起来，因为他们又来到了一块新的大陆。为了找到一个好的海湾停泊，库克下令继续沿澳大利亚海岸向北航行。他们欣喜地看到陆上翠色喜人，显然这个新大陆是

詹姆斯·库克1770年在澳大利亚东海岸登陆，照片是1988年复制的当时登陆场景；地点是当年登陆的库克城港口。

一块富饶的土地,而并不像荷兰人所说的那样荒凉。1770年4月28日,探险队终于找见了一个风平浪静的海湾,"努力"号便在这里停泊下来。他们发现这里有许多鲼鱼,库克于是给它取名为鲼鱼湾,后来又更名为植物湾,因为在这里他们采集了大量的植物标本。

在植物湾,库克每天在海岸上升起英国国旗,以此表明这个地区归英国所有,后来他又宣布整个澳大利亚东海岸为英国所有。为了纪念"努力"号第一次抵达澳大利亚大陆,他把这天的日期刻在了一棵橡胶树上。在沿澳大利亚东海岸的航行中,库克认真地描绘了海岸线图。在海岸线图中,很明显他已经注意到了悉尼这个优良港湾,可是由于时间太紧,他来不及仔细考察,便匆匆而过了。

↑大堡礁,是世界最大最长的珊瑚礁群,位于南半球,它纵贯于澳大利亚东北昆士兰州外的珊瑚海,北从托雷斯海峡,南到南回归线以南(约南纬10°至南纬24°),绵延伸展共有2 600千米左右,最宽处161千米。

到了5月下旬,"努力"号进入了太平洋上最大的暗礁区——大堡礁。这里的暗礁星罗棋布,随处可见浅滩和刀山似的珊瑚群,这个暗礁区沿着澳大利亚东北部海岸延伸了1 000多英里。"努力"号进入这片暗礁区后,其厄运就在所难免了。库克小心翼翼地将船只慢慢地驶过这片水域,船员们已经意识到所面临的危险,他们还是一声不吭地履行着各自的职责。库克命令不断地测量水深,让船只尽量在深水中航行。但不久以后,"努力"号还是在一个巨大的珊瑚礁上搁浅了。库克想尽了一切办法,想避开这个暗礁,然而由于周围暗礁分布太多,根本无法回旋,故只好眼睁睁地看着"努力"号撞上暗礁上。在无可奈何的情况下,库克下令扔掉船上的一些不很必要的物件:大量的陈旧枪炮、压舱的铁块、石头和腐败食物,然而还是无济于事。接着更麻烦的事情接踵而至,海水开始退潮,船更重重地压在危险的珊瑚礁上,如果再这样下去,船很可能破裂。等到海水涨潮时,海潮一股股地冲击着船的左舷,整个船身开始倾斜起来。忽然船舱裂开了一个口子，海水从口子里钻了进来，情况十分危急，库克下令开动两部抽水机来抽水，可很快漏进船舱的水便开始漫过抽水机。就在这紧急关头，库克孤注一掷，命令船员合力起锚，摆脱困境。过了一个多小时，船体终于浮了起来，水也不再漏进船舱里了，这使库克和其他船员既感兴奋又感意外。原来起锚时因为用力过猛，锚索竟勾起了一块珊瑚石，它像一个塞子堵住了船上的破洞。库克长长地舒了口气，他赶紧下令让"努力"号靠岸。在一个河口，船员们对"努力"号进行了修理。

在这个河口，探险队整整度过了7个星期。这里条件很好，绿草成茵，野兽成群，河中游鱼历历可观。他们在这里过得很愉快，白天上岸打猎，下海捕鱼；晚上便享受这山珍海味。这里的植物种类繁多，他们采集了很多标本，而且也发现了许多珍奇的动物，如大海蛎、袋鼠等。

8月6日，"努力"号整修完毕，又开始出海航行了。大家想到在大堡礁遇到一场灾难以后，船长有可能会绕过大堡礁航行。但是库克决定非绘出海岸图不可，所以就必须再次靠近环礁航行。"努力"号有几次差点儿遇到灾难，然而，库克船长是能够胜任这项任务的。8月底，"努力"号绕过了约克角，这时库克准备查明澳大利亚与新几内亚是否相连。这是18世纪的探险家和制图学家争论的又一个焦点。如果答案是否定的，库克便可以从逻辑上假定两者之间是有一条海峡，使他能够继续西行。这条海峡确实存在，它就是今天的托雷斯海峡。那儿波涛汹涌，环礁密布，但库克仍然把船开了过去。这时，他们的这次马拉松式航行已经进入了最后阶段，"努力"号上的每一个人都盼望能得到圆满的结果。

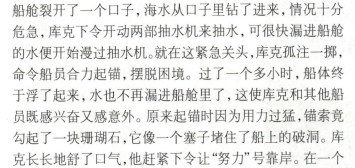

托雷斯海峡。约克角半岛在图片下方，可以看到托雷斯海峡群岛向北伸延至巴布亚新几内亚(美国国家航空航天局拍摄)

世界大探险家成功故事

回　家

抵达了荷属港口巴塔维亚（即今之雅加达）。然而船员们很不适应这里潮热的气候，

10月初，"努力"号抵达爪哇岛的巴塔维亚港（即今之雅加达）。库克下令再次整修"努力"号，"努力"号经过两

泰晤士河是英国最长的河流，也是最重要的水路，又是英国的母亲河。

年多的远航，多处损坏。大家在对船只进行全面检修的同时，乘客们两年多来第一次享受到和欧洲同胞欢聚一堂的乐趣。库克船长竭尽全力确保了船员和乘客的身体健康，这种努力获得了前所未有的成功。在这期间船员们没有一个死于疾病。他们在海上过了将近3个相对健康的年头。

然而在"努力"号离开爪哇岛后，船上便搭载了2位新的"乘客"——疟疾和痢疾。那些在南太平洋艰苦探险两年以上而大难不死的船员们，现在却一个接一个地告别人世。不久因病而死的人达到33个，库克以最快的速度离开了这个疟疾横行的岛屿。面对考察队减员 1/10 的现实，库克也只能望洋兴叹，这样的结局对一次近乎完美的探险航行来说，无疑是一个遗憾。

1771 年 7 月 12 日，"努力"号经过了 3 年的远航终于回到了英国。这次航海，他们给世界地图增加了 5 000 余英里的海岸线，这个成绩是辉煌的。"努力"号驶入泰晤士河。船上所有的人自从离开英国至今，已经过去整整 3 年。库克立即返回斯特普尼家乡看望家人。从这次冒险航行中幸存下来的其他人在互道珍重后，也踏上归途，高高兴兴

回到伦敦

地回家了，他们很庆幸在巴塔维亚遇到灾难之后，还能活着回来。

英国报界对"努力"号的归来做了详尽的报道，刊登的一些事情备受关注，引起轰动。班克斯和索兰德也是公众所关注的对象，不久这两个人便成为知名的人物，每天晚上都在伦敦的上流社会交际场所受到殷勤的款待。另一方面，库克则全然被报界和公众所忽视。然而库克却认为这是一件好事情，他会有更多的时间和妻儿共度。

返回英国以后，库克所要完成的首要事情就是向海军部和皇家学会汇报情况。他写了两份详尽的报告，分别呈送给对金星凌日最为关注的皇家学会和海军部的人员。随后库克还受到国王的召见。

库克的上司对他这位船长的表现极为满意。库克在得到乔治三世国王、桑威奇勋爵和海军部的准许后，在南太平洋为大英帝国建立了一个牢固的立脚点。

再次踏上探险征途

在"努力"号航行期间，库克走了很远的距离，任何一位探险家或探索家都无法与之相比，但他所看到的还只是太平洋的一个很小的部分。海军部还依然认为，南方大陆肯定藏在这片浩瀚水域的某个地方，有待发现。

"努力"号归来后还不到两个月，派遣第二支考察队的有关计划就开始制订了。这支考察队仍将由库克领导。

库克建议第二支考察队前往太平洋应取道非洲南部的好望角而非南美洲南端的合恩角。他还建议这一次应该派遣两艘船只，只有这样才能确保不再出现"努力"号在澳大利亚海岸附近遇到的那种灾难。海军部对库克十分信任，故在为第二次航行的准备期间欣然接受了他的各项建议和他所提出的意见。购置了两艘和"努力"号相似的运煤船，一艘是"决心"号，可以容纳112人，另一艘是小一点的"冒险"号，可以容纳81人。库克将指挥前一艘，托比亚斯·弗诺担任"冒险"号的船长，他原是塞缪尔·沃利斯所率南太平洋考察队中一名备受推崇的老船员。

乔治三世（1738年6月4日至1820年1月29日）是英国及爱尔兰的国王，汉诺威选帝侯（后为国王），英国汉诺威王朝的第三任君主。乔治二世的孙子，1760年即位，1820年去世。

再次扬帆远航

库克希望从第一支考察队中尽可能多地挑选一些老船员来驾驶这两艘船。只要愿意他都留下了。与皇家学会不同，各个科研机构都将重新派出自己的代表。

库克想让两艘船都装满给养。很显然他得到了大批想要的东西。库克还受命占有所见到的任何新岛屿，返回英国还需要严守秘密，谨防英国的敌手，尤其是法国，利用或窃取英国的考察成果。

1772年7月，"决心"号和"冒险"号从普利茅斯湾再度起航，朝着好望角方向驶去。他们的两艘船在8月抵达马德拉。在那里，库克为这次航行购买了大量洋葱和葡萄酒。在沿途的其他港口，他设法采购大批的猪、山羊、家禽、新鲜水果和淡水。10月底，两艘船到达好望角，探险者们在南非休整，尽量食用新鲜的食品，享受荷兰总督的盛情款待，船队在南非停留了一个月的时间，最终在11月底离开了好望角，库克的船只作为向导朝南极洲航行。

南极几乎完全被冰雪所覆盖，然而"决心"号和"冒险"号就正朝着这个冰封的世界前行。

要到达那里，对于船上所有的人来说都是一次艰难的考验，当两艘船进入了南大西洋纬度较高的水域时，气温骤降，海上涌起滔天巨浪，强风开始撕扯运煤船的桅杆和风帆。在这冷酷无情的海域，所有人都会对这两艘运煤船刮目相看，一般的船只对于这样的水域和天气是难以应对的。

气温继续下降，船只艰难地向南航行。他们大约在海上有一周的时间都没有办法扬起风帆，浪涛频繁地冲刷甲板，船上的动物大部分都已经死掉了。虽然给船员们发放了衣服，但甲板上的日子依然难熬。所有的东西也结冰了，就连水手的身上都不例外。虽然如此残酷的外界环境使

航海家必备的工具

他们的工作进行得十分困难,但是库克一如既往镇定自若。

12月11日,探险者们遇到了一座形如金字塔的巨大冰块。这座冰山约有122米高,比"决心"号的桅杆高出一倍。刚开始,船员们还以为是见到了陆地,等到船只靠近时,才看出了这其实是一座漂浮的巨大冰山,他们将此称之为冰岛。后来他们一路南行,碰到的冰岛也越来越多,而且越来越大,同时还出现了浓雾,气温也随之降到0℃以下。显然,这两艘船已经进入到了危险的海域。就连在大堡礁航行过的"努力"号上的老船员也无不感到紧张。因为此时的境地用一位军官的话说,即便是被某一座冰山擦碰一下"也会让你粉身碎骨"。

库克驾驶他的船只在大量冰块间的狭窄水道中穿行,大家都一声不吭,脸上带着惊愕的表情。12月15日,两艘船被冰团围住,库克担心会被困在这里,为了保住两艘船上的每一个人,他做出了撤退的决定。

船只离开了这片冰原,在圣诞节那天下锚停泊,举行聚会。这样稍事休整之后,他们继续向东航行,元旦那天,他们到达了所谓的割礼角。不久,船只又驶入冰群之中。

↑ 船队向北航行遇到大量的冰山。

1773年1月中旬,这支考察队成为航海探险史上首次跨越南极圈的队伍。以往还没有一艘船向南航行过这么远。2月8日海上刮起强风,结果船被风吹散。按照他们预定的计划,如果出现这种情况,他们就应当在新西兰会合,因此库克继续向东航行,3月中旬转向东北,朝新西兰驶去。到3月底的时候,"决心"号来到新西兰的达斯基湾。库克和船员们在海上航行了117天,行程达20 345千米,所有的船员中只有一人生病。

对在海上漂浮了这么长时间的船员来说,现在的达斯基湾是他们理想的休息之地,差不多所有的人都认为达斯

■达斯基湾在新西兰南岛西南端的峡湾地,毛利人对此湾的产生有更富诗意的传说。

基湾是个很美的地方。库克为了能够保持所有船员的身体健康和良好的精神状态,决定改变他原定的计划,延长在这里停留的时间。在达斯基湾休整 7 周之后,库克把夏洛特皇后湾定为下一站,他希望同弗诺船长在那里会合。5 月 18 日,"决心"号驶入夏洛特皇后湾,让他们高兴的是"冒险"号已经安全地停在了那里。

6 月初,"决心"号和"冒险"号离开库克海峡向东航行。他们在 8 月中旬到达马塔韦湾。塔希提人对"努力"号的那次来访记忆犹新,他们抱着迫切的心情聚集在新船上。两周后两艘船到达塔希提,塔希提人依然那样小偷小摸,但同往常一样,塔希提人与来访者们基本上保持着良好的关系。

离开塔希提,两艘船访问了社会群岛中较小的一些岛屿。10 月到达最早由阿贝尔·塔斯曼发现的汤加。汤加

■再次来到塔希提。

人友好好客。他们的酋长在家中盛情款待了一部分来访者。周围其他岛屿的居民也一样好客,因此库克把这些岛屿命名为友爱群岛。

10 月底"决心"号和"冒险"号返回他们在新西兰设立的基地。两艘船是在北岛沿海勘察时遭到一周的风暴袭击,使得两只船再次分散,库克向夏洛

特皇后湾挺进，在那里希望能够等到"冒险"号，可是一个月过去了，连"冒险"号的影子都没有见到，库克不能再等下去了，他给"冒险"号留了记号，告诉他们准备做第二次南极航行。

12月中旬，"决心"号又一次到达高纬度地区，那段时间是库克数次考察中最难熬的日子。持续了几个星期，船都被笼罩在冷湿的雾气之中，周围坚冰密布。当船再次靠近南极圈时，船身、甲板包括军官的舱室和船员的舱室都被冰层裹着。12月24日是星期五，据当时库克在航海日志里的记载描述，当天的天气和船只的状况是："猛烈的北风夹带着浓雾，雨雪交加，帆缆掉下时已经冻成冰棍，冰柱成了全船的装饰。我们的绳索像铁丝，帆就像铁板，袖子很快冻成块状。我是第一次见这么多的冰。"

这会儿，船上除库克以外的所有人都情绪低落，大家被冻得无处躲藏，各个都露出沮丧的表情。然而在1774年1月最后的一个星期，库克却下令继续南行，船第三次越过了南极圈。库克仍不满足，最后在寒冷的1月30日早晨，一道看不到边的冰墙出现在眼前。库克显然已经行驶到他所能到达的最南面，比以往任何一位探险家都更接近南极。后来他在日志中写到："驶入冰海这种话我是说

🔺 决心号与探险号

不出口的。"最后，库克不甘心地下了调头向北的命令。

大多数船员都希望他们现在可以回国。但令他们失望的是他们还应该知道更多的东西，他们中的大多数人已同库克一起航行了至少两年。库克告诉他们，他们将准备再花上整整一年的时间向北、西航行进行探险。他向北航行的计划就是要寻找1722年荷兰探险家雅各布·罗格文所发现的复活节岛。他们对这座岛屿的具体地理位置还不明确，库克希望找到它并绘制该岛的海图。然后从复活节岛出发向西北航行到达鲜为人知的马克萨斯，绕一圈再到新西兰，在那里为"决心"号做全面的检修并补充给养，

最后启程回英国。

"决心"号于3月中旬找到了复活节岛，岛上居住着波利尼西亚人，他们很像库克以前访问过的其他南太平洋岛屿上的土著人。复活节岛最为知名的景观是那些巨大的古代雕像，令人不可思议的是这些雕像分布在该岛沿岸各处，而且每尊雕像都面对海洋。甚至这些雕像的雕刻比例、竖立方向和重量都是个谜。所以他们对此也只能做一些猜测。"决心"号在复活节岛上停留了5天，库克和船上的天文学家测量了该岛的精确坐标。随后"决心"号起程向塔希提驶去。

↑ 库克的随船画师威廉·霍奇斯笔下的复活节岛

1774年4月初，库克的一名手下人员看到了一个岛屿，"决心"号就成了将近两个世纪以来到马克萨斯群岛访问的第一艘欧洲船只。这里的居民和塔希提人特别相似，包括他们说的语言和身上所刺的文身图案，对来访者同样友好的态度。他们建立了贸易关系。然而，偷盗事件又一次发生，导致一个年轻的岛民死亡。这给探险者们留下了不祥的阴影。

6月初，"决心"号抵达友爱群岛中的纽埃岛，做短暂的停留。这个岛屿上有很多人向他们掷长矛，所以库克将这个岛屿命名为"野蛮岛"。

之后他们到达位于新西兰以北海域的新喀里多尼亚岛。这里的居民比以往他们访问过的其他地方的居民都要友好，而且还没有发生什么偷盗的事情。他们将这样的美好形象永远留在了心头。

10月中旬"决心"号抵达夏洛特皇后湾。到那之后库克发现留给"冒险"号的那个记号不见了，此外还发现了砍树和建造天文测站的痕迹。岛民们还说"冒险"号来过这一地区，库克确认"冒险"号没有出事，为此感到欣慰。接着他们要为回家准备了，此刻所有的人都十分想家，包括库克。他们准备在11月动身。11月11日，"决心"号离开库克海峡向东经南美、大西洋，于1775年返回英国。这艘船在海上航行了3年，行程约112 631千米。现在人们会认为库克即使不是有史以来最伟大的，也是最伟大的海上探险旅行家之一。

最后的探险

库克的第二次航海探险成功地完成了。他回到伦敦做的第一件事情就是去找诺弗，库克和其他任何人一样渴望了解同行船只"冒险"号出了什么事情。后来他很快地了解到当时发生的可怕事情：当风暴吹散两只船以后，"冒险"号被吹到遥远的海面。风暴刚一停，诺弗就按事先安排的计划朝夏洛特皇后湾驶去，当他们到达之后，发现极其没有耐心的库克刚于几天前起程做第二次南极航行。

当他们在当地停泊期间，派了10个人上岸收集给养，但没一个人回来。诺弗又派出一队人去上岸寻找，这些人除了找到几双鞋外，看到的只是他们同胞的残躯，还看到一些正在吃肉的毛利人，海军士兵惊恐万分地逃回船上，将这一可怕的发现报告给船长。诺弗决定返回英国。这件事情被称作"格拉斯湾大屠杀"事件。

🔺 詹姆斯·库克上校

库克返回英国不久，就被正式引入乔治国王的宫廷，海军部也提升他为军阶很高的小军舰舰长。最让库克高兴的莫过于1776年被皇家学会授予会员称号。这对一个几乎是自学成才的人来说，无异是一项巨大的荣誉和极具内涵的成就。皇家学会为表彰每年对科学作出实质性贡献的人，同时还给库克颁发了科普利奖章。

🔺 库克在见证岛民以活人生祭的情景

这时库克已经47岁，他打算在陆地住上很长的时间，陪伴自己的妻子和儿女。后来，库克以海军上校军衔领取年金，退居格林尼治医院。他就这样一边闲居，一边着手写他的回忆

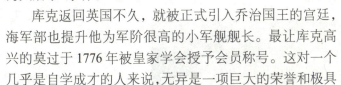

↑1778 年欧洲航海家库克首次发现夏威夷群岛。

录。但这种幽居生活并不符合他这个伟大探险家的秉性，很快，库克就感到了这种生活的单调和烦闷。库克曾经凄然地说："我的命运总是把我由一个极端推向另一个极端。"海军部的一些官员了解到这一情况，又派给他一项任务，让他领导一次寻觅西北航道的探险。所谓西北航道，就是指北大西洋和太平洋之间的神秘航道，它同所谓南方大陆一样，长期以来一直也是个未解之谜。库克欣然接受了这一任务，并很快做了周密细致的准备工作。他准备了通常的航海仪器，还带了一本因纽特语词典。他乘坐的船仍然是那两艘为他们屡建奇功的旧船"决心"号和"冒险"号，只不过"冒险"号换由查尔斯·克拉克船长指挥。1776 年 7 月 12 日，库克乘坐"决心"号从英国起航出发了。

1778 年 1 月 18 日，"决心"号和"冒险"号抵达了美丽的夏威夷群岛。这里离北美大陆较远，白人还未曾涉足于此，库克和他的探险队成了到达这里的第一批白人。在夏威夷停留几天后，"决心"号与"冒险"号继续北上，并很快接近了阿拉斯加。当时正值北半球冬季，寒风凛冽刺骨，海上时时出现风暴，有时还大雾漫天，这给航海造成了很多困难。尽管如此，库克仍坚持北上，穿白令海峡，进入北极区，但天气愈来愈恶劣，最后两只探险船为北冰洋上的巨大浮冰所阻，继续北上根本就不太可能。这种情况下，库克下令返航回夏威夷，以待明年夏天再去寻找这条西北航道。

这样，在 1779 年 1 月 17 日，"决心"号和"冒险"号又回到了夏威夷的基拉凯卡湾。库克再一次登上了夏威夷的土地，这时意想不到的事情发生了。他们受到了夏威夷人的狂热欢迎，夏威夷人把红布披在库克胸上，把椰子汁涂满他的全身，并在他

↑再次扬帆远航，也是库克船长最后一次远航。

的周围载歌载舞。同时，夏威夷人还把大量的猪肉和蔬菜送给了探险队。原来他们把库克看做一个归来的天神。

这之后，戏剧性的事件接二连三地发生了。当库克他们在这里修理船只期间，岛民的礼物源源不断地送来，根本无法阻止。因语言不通，阻止很可能导致冲突。显然这里不能久呆，于是库克匆忙下令离开此地，否则岛民将变得异常贫困，他们把仅有的一点东西都送给了探险队。

可是刚起航不久，海上便起了大风，船帆让风撕开了好几个口子，一根桅杆也给吹折了，库克又只好下令重回基拉凯卡湾进行修理。可一回到岛上，他们便发现情况有了很大变化。岛上的土著再也不来欢迎他们，而且用敌意的眼光看着他们，为了安全起见，库克没有让船员们马上登陆。可土著们居然开始偷他们的东西，这令库克很头疼。13日夜间，"冒险"号上唯一的一只小艇也让土著给偷走了。库克大怒，第二天便带领一批海员冲上岸去，想抓住他们的酋长为人质，换回小艇。这一下激怒了土著，他们在海滩上集结起来，以石块和棍棒作为武器向库克他们扑来。情况十分危急，库克开枪打死了一个土著，试图压住土著的攻击。但对方依然杀气腾腾。船上的探险队员也拿出枪来助战，为了不扩大事态，库克回头向船员喊话，命令停止射击。

⚑ 争端不可避免，但这次付出的代价太大了。

正在这时，一个土著忽然冲到他的背后，用长刀深深地刺进了他的背部，库克顿时落到水里，鲜血染红了他身边的海水。夏威夷人和探险队员们都被这突如其来的变化惊呆了！

这就是库克的结局，残酷、突然、令人震惊。当这个消息在"决心"号和"冒险"号上公布时，引起了船员们一连几个小时的震惊。全体人员聚集在甲板上，默不作声地凝视着已空无一人的海滩，库克的死让人无法相信。当夜幕降临的时候，夏威夷人听到从船上传来悲痛欲绝的哭声。有个水手大声喊叫："我们失去了我们的父亲！"

后来"决心"号和"冒险"号继续在基拉凯卡湾停留了几天，试图从岛民那里取回库克的遗体并考虑如何去报复。

↑ 探险队的悲惨场面

为了归还库克的遗体，双方还举行了谈判，岛民说库克的遗体已被肢解，抛到各处。一队海军士兵随即上岸，乱砍乱杀，焚烧村庄，割下夏威夷人的头颅。最后包括一块头骨在内的库克的遗骨以及他的枪支被送到"决心"号上。库克的遗骨被火化，骨灰撒向大海。

随后，船员们继续了他的未竟之业，再次北上白令海峡，进入北冰洋，后来取道好望角回到了英国。库克的死讯传到英国时，举国上下沉浸在一片悲痛之中。英王乔治三世失声恸哭，为他们失去这样一位曾为大英帝国立下功劳的伟大探险家而悲痛不已。库克，这位杰出的探险家以及他辉煌的业绩永垂青史。

库克三次远征路线

第一次远征

库克在 1768 年开始第一次远征。该年 8 月 26 日他从英国普利茅斯起航，横越过整个大西洋，经过巴西，再往南绕过南美最南端的合恩角，进入太平洋，翌年（1769 年）4 月到达南太平洋的大溪地，接着又向西航行到现在的新西兰。探索了南岛、北岛之后，继续往西到了澳洲。接着北上，经过爪哇、印度洋后，从非洲南端的好望角开始回程，在 1771 年抵达英国。

↑ 库克船长的墓碑

第二次远征

1772 年库克再度离开英国，前往南太平洋。这次他反方向由西向东南绕过非洲的好望角，穿过南极圈，到达新西兰。接着他花了很多时间——探索南太平洋中由澳大利亚、新西兰、夏威夷三点连成的三角形中间的岛屿，包括复活节岛、汤加、新赫布里底群岛、新喀里多尼亚和诺福克岛。然后经南美、大西洋，在 1775 年返回英国。

第三次远征

1776 年 7 月 12 日库克再度由西向东，准备探索北太平洋,他绕过好望角,经印度洋、澳洲、新西兰后再往北,到大溪地之后再向北,发现了欧胡岛、库伊岛和尼豪岛,也就是今天的夏威夷群岛。1778年2月他往东抵达了北美洲的奥勒岗海岸,并朝北探索北冰洋。据说他们经过了白令海与白令海峡,但无法横越北冰洋,只好南下回到了夏威夷。2月14日库克在夏威夷去世。翌年(1780年)10月4日,他的船"决心"号才回到英国。

后 记

　　对船员们来说,库克确实是个慈父般的人物。詹姆斯·库克虽然严厉但公平,令人畏惧也备受尊敬,要求严格但慈悲为怀。他关心部下的生活,犹如慈父。他会保护他们,使之免受疾病的煎熬。在很多历史学家眼里,詹姆斯·库克的最大功绩并不是在航海、驾船技术或者地理发现等领域取得的,他最重要的贡献是率先改善了海军的医疗条件,尤其是解决了预防坏血病这个难题。无论是在他之前还是之后,都没有一个航海家能够像他那样为改善普通水手的境遇而做出如此巨大的努力。自己不愿意做的事情,他从来不强迫他的船员去做。至于他的部下,他走到哪里,他们就会跟到哪里,虽然有时候他的部下会发牢骚,抱怨几句,但是他们始终跟着他,因为船员们好像都认为詹姆斯·库克是个伟人,也是有史以来最伟大的海船船长。也许库克确实是这样一个人物。詹姆斯·库克取得了令人惊愕的成就。作为世界各大洋的探险者和探索家,他前无古人,后无来者。

　　在10年之中,库克的足迹遍布地球上从南极圈到北冰洋,从纽芬兰到新西兰的各个水域,环球航行3次。库克与其他探险家的不同在于他将每次航行的路线都绘制在海图和地图上,这方面库克堪称海上探险者的典范。

　　在那个时代,没有哪个人比库克更为透彻地了解这个世界,也没有任何其他探险者对绘制全球地图有如此巨大的影响。

🔲 詹姆斯·库克雕像

大 事 年 表

1728 年	詹姆斯·库克在英国出生。
1755 年	詹姆斯·库克在英国皇家海军服役。
1768 年	库克乘坐远航船"努力"号从英国起航。"努力"号经过普利茅斯海湾和英吉利海峡驶向大西洋。他们在马德拉群岛稍作停泊后,随即驶向南美洲,穿过合恩角,于1769年的夏季抵达塔希提岛。
1769 年	库克发现了社会群岛。10月7日,他到达新西兰。
1770 年	1月14日,"努力"号发现了夏洛特皇后湾,紧接着又穿过了一个狭长的大海峡,这个海峡就是现在的库克海峡。 3月底,他画出了第一张清晰的新西兰群岛图。8月21日,他们抵达了澳大利亚的北端约克角。
1771 年	7月2日,"努力"号经过了3年的远航终于回到了英国。
1776 年	库克被选为英国皇家学会会员。
1776 年	7月12日,詹姆斯·库克从英格兰起航,这是他第三次也是最后一次航行。
1776 年	12月,"决心"号和"冒险"号先后抵达了开普敦。
1778 年	1月18日,"决心"号和"冒险"号抵达了美丽的夏威夷群岛。此后穿越白令海峡,来到了北冰洋。
1779 年	1月17日,"决心"号和"冒险"号又回到了夏威夷的基拉凯卡湾,库克被认为当地的神。
1778 年	2月14日,库克在夏威夷去世。
1780 年	10月4日,他的船"决心"号回到英国。

亨利·斯坦利

亨利·斯坦利给人留下的最深记忆也许是他在中非洲寻找失踪的大卫·利文斯顿的故事。经过8个月的艰苦跋涉，斯坦利终于在坦噶尼喀湖地区找到了已病得不能动弹的探险家利文斯顿。当时斯坦利向这位探险家若无其事地打招呼说："我猜你就是利文斯顿吧。"这句经典的问话随同他的名字一样永远地流传了下来。

在后来的一次远征中，他多次遭到食人土著的袭击，却幸免于难。他发现了尼罗河的几处源头，对流经中非大部分地区的刚果河进行了考察。斯坦利还帮助建立了在比利时国王利奥波德统治下的刚果自由国。回到英国之后，他于1895年被选入议会，并于1899年被封为爵士。

非洲探险

↑ 16世纪末叶，贩卖黑奴这种可耻的交易已被西欧各国普遍接受。

欧洲人对非洲产生兴趣的第一个年代是在15世纪和16世纪，那时唱主角的主要是葡萄牙航海家，他们沿着非洲海岸进行了一系列非常重要的探索。这些探索活动的一个重要后果便是把黑人当做奴隶来买卖，它为西方提供了大量极其廉价的劳动力。黑奴开发了美洲等殖民地，创造了巨额财富，从而有力促进了资本原始积累的完成。

转眼，时光进入了19世纪，随着工业革命的产生和发展，资本主义进入自由资本主义时期，西方列强对非洲的殖民政策也发生了变化。废奴运动、内陆探险和传教活动在这一时代背景下应运而生。

废奴运动使欧洲人对非洲又重新产生兴趣。以前，从事奴隶贸易的国家只是在西非沿海特别是几内亚湾一带建造了一些城堡和哨所，在那里坐等非洲内陆的酋长把奴隶送来，以换取他们渴望得到的欧洲工业品。而非洲内陆的大部分地区，欧洲人尚未涉足。一个原因是气候、植被以及土著居民的敌对态度对深入内地的旅行构成了难以逾越的屏障，但更重要的是，坐等沿海就可以获取暴利，这比深入内地去冒险要划算得多。但随着废奴运动的产生，废奴主义者希望进入许多奴隶被俘的内地，取消奴隶贸易，并试图发展起"合法的"即正规的贸易以取而代之。不过

↑ "黑人解放的朋友"使欧洲人对非洲又重新产生兴趣。

真正促使欧洲人探索非洲内陆的主要原动力还是来自于
18世纪末期对科学和经验知识的重视。历史学家把这一
时期称作是启蒙运动时期。在这一时期，一方面是科学的
发现、地理的探索和经济的扩张，另一方面是欧洲人对位
于欧洲南面这一巨大的大陆缺乏最起码的认识。当时在
绝大多数欧洲人的眼中，非洲只不过是地中海南面的一块
黑色的、形状不吉祥的土地，这里栖居着丰富的野生动物，
居住着野蛮的部落，到处是酷热的热带雨林，外人根本无
法进入。至于这块土地的历史、人民、文化甚至其存在、地
理位置和最突出的地理特征是什么，则几乎是一片空白。
这在许多饱学之士看来，不啻于是一个耻辱。所有这些因
素相结合，使19世纪许多非凡的、引人注目的探险家先后
来到非洲。

↑ 约瑟夫·班克斯

世界大探险家成功故事

对非洲大陆进行系统的探险是始于1788年"非洲协
会"成立时。这一协会以英国著名科学家约瑟夫·班克斯
为首，他曾跟随库克船长进行过举世瞩目的环球航行。非
洲协会的宗旨是："促进科学和人类的事业，探测神秘的地
理环境，查明资源，改善这块招致不幸的大陆的条件。"协
会首先把注意力放在尼日尔河问题上。在当时，尼日尔河
仅仅是个名字。欧洲即使是最著名的制图学家和学者，都
不知道它的源头和终点，甚至不知道它的流向。而尼日尔
河比欧洲或北美许多河流都长很多，即便如此，它在非洲
这块黑色大陆上还是位居第三，远远排在尼罗河和刚果
河之后。为了解开这个谜，1795年，协会派苏格兰医生芝
戈·帕克去探险。

1796年6月28日，这是非
常炎热的一天，苏格兰探险家芝
戈·帕克爬上了一棵树，以便看
一看下一步该朝哪个方向走。此
刻，站在高高的枝头，他看到的只
有空旷的大地，辽阔得似乎只有
一个地平线，没有他所盼望看到
的茅屋、牛羊或者篝火和炊烟。
非洲沙漠给他的就是这个令人沮
丧而无助的单调印象——白色沙

↑ 撒哈拉沙漠是世界上最
大的沙漠。横贯非洲大陆
北部，面积约960万平方千
米，约占非洲总面积32%。

丘和绵延的灌木。看来他是没有路可以选择了。

他的马无精打采地垂着脑袋，看来也是非常的累了。于是芝戈·帕克只好将马鞍取下，好减轻他这个老搭档的负担，然后，同样疲倦不堪的他躺在了炙热的沙地上。疾病和饥渴开始让他神情恍惚，他甚至绝望地认为自己将会葬身在这个残酷的沙漠里。在后来，他曾写过这样的话"经过短暂的，毫无结果的奋斗以后，我要成为对时代有用之人的想法破灭了，我短暂的一生注定要结束在这里了"。

半昏迷下的他想到了为寻找尼日尔河与传奇城市延巴克图，这些年来遇到的各种艰险。他曾经被人洗劫一空，身无分文；曾经被困于两个交战的王国之中；甚至被人抓去当奴隶一样的驱使。饥饿和痛苦没有让他失去信心。难道这次就真的要失败了吗？

他看了看身边的灌木丛，顺手摘下几片叶子放在嘴里。他渴望通过咀嚼这些叶子得到一些汁液，来滋润他几乎快要冒烟的咽喉。但叶子的味道苦涩难忍，失望的他无奈地环顾四周。炙热的沙子放射着灼热的热浪，太阳依然毒辣地曝晒着大地。感到绝望的芝戈·帕克闭上了眼睛，等待死神来收取他饱经苦难的灵魂。

太阳渐渐靠近地平线了，傍晚，沙子的温度开始逐渐地降低。阵阵凉风吹醒了芝戈·帕克。凉意似乎焕发了芝戈·帕克的精力，他挣扎着爬起身来。身边的马已经弱不经风了，他只好一瘸一拐地艰难行走在渐渐冷却的沙地上。一个小时后，远处的天空开始电光闪闪，狂风突然肆虐起来，帕克明白这是暴雨到来的前兆。他咬紧嘴唇，但是肆虐的狂风依然将沙子刮到了他身体的每一个部分，嘴里身上灌满了沙子，持续了一个小时的沙暴并没有结束恶劣的天气。

沙暴过后，闪电又划破长空。雷声更近了，帕克脱下衣服平铺在地上，这可是

📷 尼日尔河，位于西非，它在非洲是次于尼罗河和刚果河的第三大河。

沙漠风暴来临时的情景

一个获得淡水的最好机会。持续下了几个小时后，雨停了。而这期间，芝戈·帕克将积存在衣服里的水拧出来喝掉，甚至直接拿起衣服往嘴里塞，贪婪地吮吸里面的水分。

黎明前，芝戈·帕克发现自己来到了一片泥泞的池塘边上，青蛙在黑暗中发出震耳欲聋的叫声，帕克的马由于惧怕青蛙的叫声，甚至不敢去喝池塘里的水。帕克用树枝赶开青蛙，他那可怜的马才敢去喝水。而他则爬上了一棵大树观看附近的动静。这次，他终于有所发现，这是一个土著人的村落。炊烟升起，帕克似乎看到了新的希望。

在忍受酷热、疾病、饥饿和奴隶般的役使之后，他成功地到达了尼日尔河，但是，病魔又迫使他返回海滨，未能沿河而下到达河口地。1805 年，帕克率领一支相当大的探险队再次去尼日尔河探险，但是，他的大多数伙伴在还没有见到尼日尔河时便死在途中。这一时期探险者的精神在帕克给家里的一封信中得到了反映：

闪电划破长空

"很遗憾，离开冈比亚时十分健康的 45 个欧洲人，现在只剩下 5 个还活着，即 3 个士兵（其中一个人已精神错乱）、海军上尉马丁和我自己……我亲爱的朋友安德森先生和斯科特先生都已死了，但是，即使和我一起的所有欧洲人都死去，如果我不能成功地实现这次旅行的目的，我至少也要死在尼日尔河上。"

帕克最终死在尼日尔河上，同他 18 岁的、出来寻找父亲的儿子一样。其他许多人也曾试图解开尼日尔河的秘密，直

↑尼罗河，是世界第一长河，源于非洲东北部布隆迪高原，流经卢旺达、布隆迪、坦桑尼亚、肯尼亚、乌干达、扎伊尔、苏丹、埃塞俄比亚和埃及等9个国家，全长6600多千米。最终注入地中海，是世界上流经国家最多的国际性河流之一。

到最后，理查德·兰德沿尼日尔河而下于1830年最终找到该河河口处。

19世纪50年代，海因里奇·巴尔特医生进一步对西非进行了最为全面的探险。这位非凡的日耳曼人访问了苏丹西部最重要的城市，然后穿过撒哈拉沙漠，于1855年返回英国。巴尔特的旅行是非洲旅行史上最成功的一次。他对其旅行所作的描述也同样出色，因为他全面介绍了他所访问过的国家的地理环境、历史和民族。

损失惨重的尼日尔河探险表明，那里缺乏商业机会，于是，人们将兴趣转到了东非。尼罗河的源头问题乃东非的重大问题。敌对的当地人、巨大的沼泽地和无数的急流使所有沿尼罗河而上直达其源头的企图成为泡影。伟大的探险家大卫·利文斯顿这时出现在人们的视野中。

大卫·利文斯顿

利文斯顿的形象远远高出其他所有的探险者。1840年，利文斯顿受伦敦宣传教会派遣，穿越无情的卡拉哈里沙漠，在从未被勘测过的土地上跋涉了2414千米，前往南非库鲁曼，以一名医生和传教士的身份，在这里开始了他的职业生涯。

在非洲，他亲眼目睹了奴隶贸易带来的灾难。他认为，只有通过传教和进行"合法贸易"，才能够杜绝奴隶买卖。到非洲两年后，他就开始在马波萨(今南非境内)创立传教站。在那儿工作时，他被一头狮子咬伤。这头野狮撕碎了他的左肩和左手，使得他落下了终生残疾。而他也很快对在偏僻的库鲁曼和马波萨传教的工作失去兴趣。因为那里的土著居民对基督教漠不关心，这使得传教工作变得十分艰难。因此，从1849年起，利文斯顿就把大部分时间和

精力放在解开南部和中部非洲的地理之谜上。这引起他的上司——伦敦的传教会的不满，认为他的探险"与传播福音没有多大联系"。

1853—1856年间，利文斯顿率领一支探险队考察了赞比西河地区，发现了气势磅礴的维多利亚瀑布和蔚为壮观的赞比西河。他当时描述维多利亚瀑布说："这是我在非洲见到的最美妙的景色。"而对于赞比西河及其支流，他则花了好几年时间进行探索。他写道："这是一个非常重要的发现，因为此前人们甚至不知道这条河的存在。"他立刻意识到，这条河是一条通往内地的通道，"基督教和商业"可以利用这条通道来结束非洲大陆的奴隶贸易，使土著居民通过与高等种族的商业交往而走向"文明"。

↑ 大卫·利文斯敦画像

1856年5月，他终于到达非洲东海岸的克里马内。利文斯顿成了横越非洲大陆的第一个欧洲人。同年，利文斯顿回到了英国，利文斯顿个人主动的探险活动迎合了英国资产阶级对非侵略的需要。他回国时受到隆重的欢迎，英国女王亲自接见了他。皇家地理学会的罗德里克·默奇森给他以高度的赞扬，称他取得了"我们时代地理探险的最伟大成就"。英国人民也把他视为英雄。

之后，利文斯顿辞去了伦敦传教会的职务，英国政府还出资帮助他组织探险队，任命他为驻克里马内领事，年薪500英镑，指示他扩大已经获得的关于东非和中非的地理、矿产、农业的知识，增进对土著居民的了解。

↑ 赞比西河是非洲第四长的河流，也是从非洲大陆流入印度洋的最长河流，又名利巴河，当地方言意为"巨大的河流"。

1866年，他又起程去解决有关尼罗河源头的各种问题。一直以来，人们关于尼罗河源头的说法不一。虽然他本人对尼罗河流域地区的地理知之甚少，但却毫不犹豫地断定，尼罗河的发源地既不是人们多为争论的维多利亚湖，也不是坦噶尼喀湖，而是起源于更远的南方的一个尚不知名的大湖。为了证实自己的理论，也为了搜集更多的关于奴隶贸易罪恶的证据，他于1866年3月重返非洲，进行了他一生中最后一

次探险。

他从桑给巴尔出发，沿鲁伍马河前行，经过 5 个月的艰难跋涉，来到尼亚萨湖南岸。此时他的探险队员几乎全部开小差逃跑了，大部分用来运送物资的骆驼、水牛、驴子也因为致命的采采蝇叮咬而死掉了。利文斯顿一路上受尽了煎熬和疾病的折磨。尽管这些使得利文斯顿痛苦不堪，但是他仍然向西南行进，翻越穆钦加山脉，走过如胶似

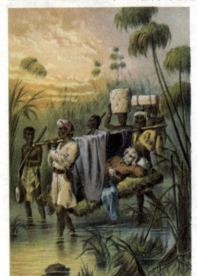

漆、泥泞几乎埋到脖子的草地，最终来到了姆韦鲁湖和班韦乌卢湖。在这里他的健康状况迅速恶化，仆人逃跑时还偷走了他的药箱。利文斯顿在他的日志中断断续续地记下了他的艰辛，他说道："虽然以前我总是走在队伍的最前面，现在却常常赶不上队伍了。"在翻山越岭时，他"饥饿难忍，几乎都不省人事了"。一些逃跑的仆人回到桑给巴尔后，散布谣言说，利文斯顿和他的全部人马都被人杀了。其实，此时的利文斯顿正行进在前往位于坦噶尼喀湖东岸的乌季季的路上。他计划到乌季季去弄些补给和药品，来恢复一下身体，然后继续开赴卢阿拉巴河。他断定，卢阿普拉河从姆韦鲁湖流出后，汇入了卢阿拉巴河，然后一起汇入尼罗河。他于 1869 年 3 月 14 日到达乌季季，期间又患上了肺炎，这段路程是利文斯顿整个旅程中最艰难的一段。

利文斯顿消失在非洲的丛林中之后，整整 5 年未向外界传递出消息。而他的处境也成了西方世界谈论和猜测的话题。虽然关于他已死亡的传言很快被传开，但对于他可能遭受的命运，仍然有着各种添枝加叶的谣言，但人们都相信，利文斯顿需要人们前去营救。

寻找利文斯顿

美国《纽约报》勤奋的出版人戈登·贝内特看到公众对利文斯顿消失的事情抱有非常强烈的好奇心，便派他一位最能干的记者前去寻找正在赞比亚河流域探险的利文

受病痛折磨的利文斯顿

斯顿,这位记者就是年轻的亨利·莫顿·斯坦利。贝内特别指示斯坦利说:"去找到他,不管他在哪里,发出关于他的一切消息,那位老人或许需要帮助,所以要带足必要的物资。当然也可以按照自己的计划行事,但一定要找到利文斯顿。"虽然斯坦利从未到过非洲,但在很多方面,他却很适合干这项工作,因为在他27年的人生中,他已进行过无数次冒险,这些经历使他成为了一个生存能力极强的人。

⬆ 利物浦渔港

斯坦利原名约翰·罗兰兹(1841—1904),1841年1月28日出生于英国威尔士,由于是个私生子,出生不久便被母亲遗弃。斯坦利很小就在一家作坊做工,因为他的身份而受尽了各种各样的虐待,最后他实在无法忍受又跑到英格兰的利物浦渔港,过起了海上生活。在那里,对前途感到很渺茫的他决定搭船去美国,在那里试一试自己的运气。"温德默里"号邮船把他带到新奥尔良。一个偶然的机会被一位名叫亨利·莫顿·斯坦利的慈善商人领回家,他后来改了名,用了这个商人的名字。但两人在一起并不是十分融洽,小斯坦利经常离家出走,回来后总能讲出一大堆他出走期间遇到的离奇古怪的事情。

1861年,美国内战爆发,斯坦利又一次出走了,而且是永远的出走。他报名加入了南部邦联军,并参加了1862年4月的夏洛伊战役。战斗中被北部联邦军队俘虏,之后被派到联邦海军工作。后又逃到了西部,在那里找到了一份工作,当了《密苏里民主党人报》的记者,被派往土耳其工作。他还报道了美国西部的印第安人战争,这些经历使他赢得世界著名的《纽约报》的青睐。1869年期间,他获得报社资助前往非洲搜寻失踪的英国著名探险家大卫·利文斯顿。

⬆ 亨利·莫顿·斯坦利画像

1871年3月,斯坦利从现在的坦桑尼亚海岸外的桑给巴尔岛出发,向西行走,朝内陆的塔波拉进发去寻找利文

↑ 斯坦利来到非洲后见到利文斯顿时的情景。

斯顿。探险队所向披靡，终于在 1871 年 4 月抵达塔波拉，走完约 341 千米的路程只用了 2 个月时间。

离开塔波拉后，由于战乱频仍，加上探险队员碰到种种困难，斯坦利向西行进的速度慢了下来。他在日志中写道："我并不是一个天生的非洲探险家，因为我打心眼里厌恶这块土地。"但是不管怎样，他还是马不停蹄地向前行进。1871 年 11 月 10 日，他的队伍打着一面美国星条旗，终于来到了在坦噶尼喀湖岸的乌季季。斯坦利写道："我拨开人群，通过两排人形成的夹道走到队伍的前头，看到一些阿拉伯人站着形成一个半圆，半圆中间站着一位白人……我慢慢地走近他，看到他苍白的脸色，疲惫不堪，留着花白的络腮胡子，头戴一顶浅蓝色带舌布帽，穿一件红袖沿的背心，一条格子粗呢裤。我本想奔上前去，只是我在众人面前有些胆怯；我想拥抱他，只是由于他是英国人，不知道他会怎样接待我；于是，我出于胆怯的心理和虚伪的自尊心，不慌不忙地走到他跟前，脱下帽子说道：'我猜，你就是利文斯顿医生吧？'他稍微抬起帽子，带着和蔼的笑容答道：'是的。'"

斯坦利虽然找到了利文斯顿，但利文斯顿并不希望别人前来搭救他，不过，对斯坦利的到来，他也并不介意。就在几个月前，他曾试图前往卢阿拉巴，但由于下雨、疾病，加上他的仆人跑得所剩无几，所以不得不调头返回乌季季。这次失败使他心灰意懒，他在日志中写道："看来老天爷总是在跟我作对。"但尽管如此，他还是认为斯坦利的到来给他带来了"新的生命"，并赞扬他的首创行动，称能够找到他本身就是一个了不起的成就。英国皇家地理学会也曾派出一支探险队前来营救利文斯顿，并且利文斯顿的儿子奥斯威尔也随同前往，他告诉父亲，斯坦利是想通过他"发一笔横财"，利文斯顿回答说："如果是这样的话，那我也衷心欢迎他，因为他能从我身上挣的，肯定要比我自己所能

↑ 斯坦利与当地一个黑人孩子的合影。

挣的多。"

斯坦利找到利文斯顿后,两人一起回到了塔波拉,但无论斯坦利怎样劝说,利文斯顿就是不愿意回英国,两人不得不又分手了,斯坦利奔赴英国,去摘取巨大的名誉,而利文斯顿则返回非洲内陆,继续他那注定要失败的寻找尼罗河源头的旅程。

正是在寻找卢阿普拉河的过程中,利文斯顿耗尽了他生命的最后一滴能量,不久就要靠他的两位忠实的仆人抬着走路了,直到 1873 年 5 月 1 日,他的随从发现他以祈祷的姿势死于他的小屋旁。

其实,利文斯顿生前一直探索的那条水系并不是尼罗河水系,而是另一条完全不同的水系,即刚果水系。临死前,利文斯顿似乎也隐隐约约地感觉到了这一点,但他最终还是没有勇气承认这一无可辩驳的事实。他在日志中写道:"没有任何事情能让我失望,让我放弃努力,我常常祈祷上帝,鼓励自己勇往直前。"

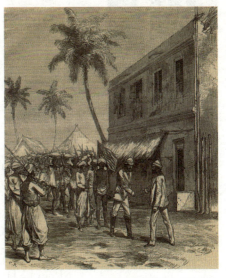

⬆ 斯坦利和利文斯顿准备
分开

赌气旅行

斯坦利从非洲回来之后,他在英国收获着名誉给他带来的好处。到处都有人请他作报告、出席活动,《纽约报》更是把他捧为那个时代最伟大的非洲探险家之一。不过,没多久就有不少唱反调的人对他的成就提出了质疑。他们指出,斯坦利并没有对地理增加任何新知识,他们还讥讽斯坦利对利文斯顿的那句著名的问候语,认为简直是愚蠢之极。皇家地理学会更是架子十足,他们的代表利文斯顿居然是让一个美国记者找到的,他们对此心里很不痛快。一气之下,斯坦利回到了自己的第二故乡美国。在美国,虽然著名作家马克·吐温把斯坦利的成就与哥伦布的成就相提并论,但也有一些人附和英国报纸的论调,指责他是一个骗子,说他的故事只是精心编造的一个骗局。

马克·吐温(1835—1910)，美国作家。原名塞缪尔·朗赫恩·克莱门斯。他的早期创作，如短篇小说《竞选州长》、《哥尔斯密的朋友再度出洋》等，以幽默、诙谐的笔法嘲笑美国"民主选举"的荒谬和"民主天堂"的本质。

斯坦利对于这样的舆论批评十分敏感，所以即使这次归来给他带来很高的荣誉，但也不会给他带来多少安慰，他更无法忘记他受到的污辱。他下定决心，要堵住批评者的嘴，于是在美国《纽约先驱报》和伦敦《每日电讯报》的赞助下，他发起并组织了当时规模最大的非洲探险队，去探索维多利亚湖、艾伯特湖及更远的地方，去解决利文斯顿留下的一些问题。

1874年底，斯坦利在桑给巴尔征募了400多名非洲人，这些人将跟随他和他的 3 名欧洲伙伴——弗里德里克·巴克和弗兰西斯·波科克、爱德华·波科克兄弟去非洲内陆。这次探险与所有其他人进行的探险一样，也将遇到种种令人失望的事情。

队伍沿着一条"布满大象和犀牛迷宫似的足迹"的羊肠小道行进了几周后，疾病、开小差、饥饿和战争(斯坦利特别喜欢对土著居民使用武力)对探险队伍产生了影响。人数大大减少，探险队的强壮人员现在都变得体弱多病，就连领头人也开始垂头丧气，这是每一位非洲探险家都难以避免的不幸和麻烦。

1876 年 11 月，离开尼安格韦村之后，斯坦利和探险队沿着卢阿巴拉河前进，这是利文斯顿到过的最远的地方，也是非洲最靠内陆的地方，斯坦利不知道这次旅程将把他带往何处，是地中海还是大西洋，因为他要顺流而下的那些河道完全没有在地图上绘制过。现在陪伴着他和弗兰克·波科克(另外两位英国人都死了)的是探险队的残余人员和蒂波·蒂卜手下的700人。蒂波·蒂卜是当地称霸一方的奴隶贩子，他同意率领他的人为斯坦利服务，条件是斯坦利要付给他可观的物资和金钱。

走出尼安格韦村 300 多千米的时候，蒂波·蒂卜带着他的人马沿着原路返回，而斯坦利则带着他日益减少的队伍继续前行。

一路上，斯坦利探险队碰见了一些当地不同的居民，对付这些

武力是探险队人员减少的根本原因。

居民,斯坦利总是喜欢武力相向,而不会心平气和地谈判。以至于一些土著居民说以前利文斯顿对他们"是那样的温和、耐心,还常常给他们讲一些白人国度里发生的美丽故事"。虽然斯坦利的人在数量上总是不占优势,但由于他们拥有先进的武器,所以总占上风。

斯坦利又在一个村庄打了一仗,缴获了几艘独木船,他和探险队员们乘着这些船只顺流而下,河水巨大的推动力使他们可以快速前行,后来又常常碰到险滩,使他们不得不弃船登岸。在经过了今天统称为斯坦利瀑布的连续7处急流险滩之后,他们经过测量,结果显示,这条河不是尼罗河或其支流,而是未曾在地图上绘制过的刚果河。他们沿着斯坦利瀑布又平稳地前行了1 600多千米,现在他正朝着大海的方向驶去,面对汹涌澎湃的河水,斯坦利情不自禁地把刚果河比做"非洲的亚马孙河"。他写到:"刚果河的水量相当于尼罗河的3倍。"他还认为,这条河流在贸易方面潜力巨大。

平稳的航行于1877年3月结束,此时距入海口大约有724千米,即今天布拉柴维尔和金沙萨两市上游不远的地方。汹涌的激流一个接一个,船必须由纤夫用绳子在岸上拉着才能通过。下来就是平缓而异常宽阔的河面,斯坦利把这段河面称之为斯坦利湖。然而斯坦利在这段平稳的湖面没有前行多久就又碰上了32处急流,斯坦利把它们命名为利文斯顿瀑布,弗兰克·波科克和11名探险队员试图驶过一处急流时,船被打翻,所有人员全部落水而死。

经过这些航行之后,只剩下斯坦利的一艘船,朝着大西洋海岸驶去,去完成他们这次约8 045千米的漫长探险的最后一段路程。此时队员们各个衣衫褴褛,极度疲劳,许多人已经快被饿死了。1877年8月,斯坦利和另外大约82人终于抵达大西洋沿岸的博马,完成了

缴获独木船

↑ 探险队看到刚果河时的激动场面。

非洲探险史上最伟大的一次探险，首次从印度洋到大西洋横跨了整个非洲大陆。从他们出发的那天算起，这次探险正好用了 999 天。探险中，他们探索了非洲大陆最后一条尚待探索的大河，使得制图学家可以描绘非洲内陆的地理风貌。因为斯坦利对土著居民的残酷无情，常常受到人们的批评，但没有人能否认他的探险活动的重要性。

在斯坦利这次里程碑式的跨越非洲大陆的探险之后，欧洲国家便把他们的注意力从探险转移到殖民上来。他们在非洲和整个世界开始了一场争夺殖民地的竞赛，以便从殖民地掠夺原料和粮食，为他们作战略缓冲，以对抗其邻国或对手的帝国野心。从 1870—1914 年中，非洲从只有沿海极少数几块地方沦为殖民地演变为几乎整个大陆都已被英国、法国、德国、比利时、葡萄牙和西班牙瓜分完毕。在非洲众多的国家和王国中，只有利比里亚和埃塞俄比亚保持着独立。

殖民化也标志着伟大的非洲地理探险时代的终结，但也确实为这个时代最伟大的探险家斯坦利提供了机会：1879—1884 年间，斯坦利投奔比利时国王利奥波德，在他曾经探险过的刚果河建立起众多的贸易据点，并诱使当地部落酋长们把他们的主权转让给了比利时君主，从而为他建立了所谓的"刚果自由邦"。

可笑的结局

斯坦利一生中最后一次探险既是一场梦魇，又是一场闹剧。1887 年，他受命前去营救自封为埃明帕夏的德国医生，他是英国任命的苏丹最南端的赤道省省长。当时苏丹名义上是在埃及的统治之下，但又要依靠英国的军事力量来维持秩序。后来，称为伊斯兰先知的马赫迪领导起义，当时的欧洲报纸报道说："埃明帕夏困守在尼罗河上的瓦德莱堡垒，情势十分危急。"

于是，斯坦利又率领一支由708人组成，也是当时规模最大的非洲探险队从刚果河口出发了。他们溯河而上，直到伊图利热带雨林，斯坦利称之为"恐怖之地……是我在非洲所经历的一场最可怕的梦魇"。斯坦利留下一支后备队后，率领389人进入茫茫的热带雨林，结果只有174人走出来。这些人甚至被迫靠吃人肉维持生存。幸好，探险队的领导人斯坦利通过他的铁腕手法，保持了纪律。

糟糕的是，斯坦利于1888年初到达目的地后，却发现"待人友好……学识渊博的"的埃明帕夏安然无恙，而且并未受到马赫迪起义军的威胁。他和利文斯顿一样，也并不指望有人前来救他。于是，斯坦利丢下埃明帕夏，让他好好想一想自己是走还是留，自己则又再次钻入热带雨林，去寻找他那迷失方向的后备队。等找到后备队的时候仅仅剩下了98人。回来的路上，斯坦利远远望见了白雪覆盖的鲁文佐里山脉和神秘的月亮山，成为看见这两处地理景观的第一个欧洲人，在此之前，几位欧洲探险家也到过此地，但都无缘看见。

1889年12月，斯坦利、埃明帕夏及他们各自的队伍经过长途跋涉，终于抵达巴加莫约。斯坦利再一次完成了横穿非洲大陆之旅，这一次的方向与上次正好相反，是自西向东。

斯坦利在他生命的最后15年，致力于撰写他在非洲的经历和回忆录。1904年5月9日在伦敦逝世，终年63岁。

斯坦利与家人的合影

世界大探险家成功故事

后　记

斯坦利的探险归来标志着非洲伟大探险时代的结束，它是以一个荒谬和无聊的注脚做结尾的，花了无数钱财，失去了无数生命，目的是为了营救一个不希望被营救的人。

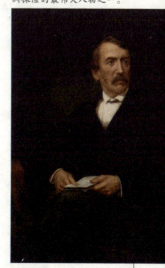

戴维·利文斯通，英国探险家、传教士，维多利亚瀑布和马拉维湖的发现者，非洲探险的最伟大人物之一。

大事年表

1841年　斯坦利出生在英国的威尔士。

1869年　斯坦利工作的《纽约先驱报》派他前往非洲，寻找在那里失踪的英国
　　　　探险家大卫·利文斯顿。途中他曾在埃及停留，报道了苏伊士运河
　　　　的开通。

1871年　3月，斯坦利从如今坦桑尼亚海岸外的桑给巴尔岛出发，去寻找利文
　　　　斯顿。他向西行走，终于在1871年11月10日在坦噶尼喀湖岸的乌
　　　　季季找到了利文斯顿。

1874年　他从坦噶尼喀湖出发，沿着卢阿巴拉河西行。该河与浩大的刚果河
　　　　相连。他沿着刚果河到达了海边。

1879年　他奉比利时国王利奥波德二世之命，第二次去非洲探险。斯坦利在
　　　　中非的丛林里建立了"刚果自由邦"。

1887年　是他的最后一次非洲探险之行，这一次是去营救自封为埃明帕夏的
　　　　德国医生。

1904年　5月9日，亨利·莫顿·斯坦利去世。

罗伯特·彼利

1909年9月5日,美国探险家、海军上将罗伯特·埃德温·彼利向全世界宣布,他于1909年4月6日踏上了北极点,在那万年冰峰上留下了人类的第一个脚印!北极点被人类征服了!

罗伯特·埃德温·彼利对北极探险的迷恋以及他的决心和意志是其他人无法相比的。他花费了23年的时间,先后共进行了7次极地探险,但都未能如愿以偿。直到年届六旬,仍然斗志不减,终于在第8次探险途中登上了北极点,为此他牺牲了健康,放弃了财富,失去了大部分手指和脚趾,甚至丧失了健全的心智,终于成为了抵达北极的第一人。

北极光下的梦

↑康斯坦丁·菲普斯上尉的画像

几个世纪以来，探险家们冒着严寒，在冰山出没的北极地区航行，目的是探寻传说中的西北航线。人们相信，这条商业航线穿过加拿大的北冰洋岛屿，将大西洋和太平洋连接起来。

据记载，1607年英国传奇般的水手亨利·哈得逊在探寻这条航线时，试图到达世界的顶点——北极点。尽管那次他失败了，但他还是到达了斯匹次卑尔根。这个记录直到1773年才被英国皇家海军的康斯坦丁·菲普斯上尉打破，他在北冰洋大片浮冰群上艰难前行，设法使自己的船只又向北推进了几千米，打破了哈得逊的纪录。

直到18世纪末，人们还是没有找到西北航线，但这时北极已被赋予了新的意义。特别是英国征服者开始认识到，北极作为一个重要的象征和战略目标将可提高国家的威望。因此，在1826年，一名有过三次探寻西北航线失败经历的英国皇家海军军官威廉·爱德华·帕里上尉，率领一支25人的队伍驶向冰山区。这是一次短暂而又艰辛的探险，光滑而又坚实的冰山世界，在夏日阳光的照射下正在慢慢融化、断裂。那些冰就好像是一种有生命的东西，变化莫测，在旅行者的脚下不停地变化、移动，尽管他们离开目的地已走了约1574千米，但实际上，这支队伍只是在出发点以北的286千米的地方。沮丧的帕里在北纬82°的地方停止了探险，进军北极以失败而告终，但他们还是打破了一项新的纪录，此时人类的脚步距离北极点还有大概644千米的距离。

1845年，英国60岁的约翰·富兰克林爵士率领134名海员和两艘巨舰又驶入加拿大北极地区。但不幸的是这两艘军舰连同舰上所有的水手都失踪了。为了获得约翰爵士的踪迹，英国又设立了一个新的奖项，无论是谁，只要能提供与这位失踪的英国人和他的船员有关的任何消息，都将获得巨额酬金。在以后的将近20年中，英国不断地

↑约翰·富兰克林爵士，英国船长及北极探险家，在搜寻西北航道之旅中失踪，他和其他队员的下落在其后十多年间成谜。

派遣船只到北极寻找失踪的探险者,美国的探险队也加入了搜寻的行列。可北极仍在发生着新的不幸,人们在那里找到许多救援者的尸体,但没有人找到富兰克林。直到1859年,人们才发现了富兰克林探险队的一些遗物(包括两具遗骨)散布在荒凉的威廉王岛海滩上,由此看来富兰克林最后一次探险是灾难性的,这也是英国在北极探险中遭遇的最大不幸。当富兰克林及其探险队的遇难已成为肯定的事实后,大不列颠逐渐退出了北极探险。

北极虽然吞噬了众多英国船只和英国人的生命,但他们还是作出了自己应有的贡献。以前未被绘入地图的北极南部大部分地区被救援人员绘入海图,而且他们的搜寻活动也积累了很多在北极地区探险和生存的实践经验。使后来那些有意去北极探险的人都了解到征服北极冰山世界需要克服什么样的障碍。

1875年,英国的最后一次北极探险失败。英国人将在冰山世界探险的机会留给了其他国家的人们。

荣誉和北极

1856年5月6日,罗伯特·埃德温·彼利出生于美国宾夕法尼亚州的一个叫做克雷森的小镇,父亲是查尔斯·彼利,母亲是玛丽·彼利。

小彼利从来没有机会去了解父亲,在他两岁半时父亲死于肺炎。从此母亲和她唯一的儿子相依为命。母亲过于溺爱孩子,甚至在彼利成为一名冒险家和荒凉危险的北极探险幸存者时依然如此。9岁时,彼利被送到缅因州托普瑟姆的一所寄宿学校。在学校里他是一名模范学生,也是一个古怪不知足的人,虽然寄宿,但和大部分同学都保持距离,显得有些郁

北极冰川

郁寡欢。他喜爱穿越森林做远距离徒步探险,把业余时间花在制作动物标本和在白山山脉以及卡斯科湾附近做徒步旅行上。

1873年,彼利被缅因州不伦瑞克收费昂贵的鲍登大学录取。他和生病的母亲一起搬进校外的一套公寓。彼利在鲍登大学的这些年是美好的。在这段时期,罗伯特·彼利的梦想开始了——荣誉和北极,它们最终支配了他的生活方式。

19世纪末,一名年轻的美国人为了追求荣誉和冒险而关注北极,在那个年代,把北极作为获得荣誉和冒险的阶梯是不足为奇的。当时,不断地有人到北极探险,探险者惊心动魄的英雄故事充斥着那个时代的报纸和书籍。那些作品中最出色的也许是伊莱沙·肯特·凯恩的《北极探险》,该书于1857年出版。彼利还是小男孩的时候就读过这部作品,许多年后仍然记得这是一部"精彩的书"。

⬆伊莱沙·肯特·凯恩(1820—1857年),美国北极探险家、医生。1850—1851年参加由美国资本家H·格林尼尔资助组织的探险队,去北极区寻找J·富兰克林。

紧接着,俄亥俄州的小报出版商查尔斯·弗朗西斯·霍尔也卷入了北极探险热潮。他辞别妻子和孩子到纽约,独自搭上一艘捕鲸船去了北极。就这样,一次为时9年的史无前例的北极探险开始了。霍尔第一次去北极时,罗伯特·彼利才4岁,彼利后来研究了许多关于以前的北极探险家的材料,但霍尔希望渺茫的北极之行对他的北极生涯影响最大。

初试牛刀

罗伯特·彼利从鲍登大学毕业后获得土木工程学士学位,随后和母亲移居到缅因州的弗赖伊伯格镇。小小的镇上基本不需要土木工程师,彼利只好制作和出售鸟类标本。

1879年,23岁的彼利被美国国会的海岸勘测大楼所录用。尽管他还过着体面的生活,但不久就厌烦了这样的生活。1881年他不顾母亲的反对,以土木工程师的身份向美国海军的一个委员会提出求职申请,这改变了他一生的生活,使他向着长期的梦想迈进。1882年,他被安排在佛罗

里达州基韦斯特的美国海军站工作。他为海军站建造了一个新的码头。在码头工作期间，彼利开始向约瑟芬·迪比奇表达爱慕之情，她是史密森研究所一位教授的女儿，他们第一次相遇是在华盛顿的一次舞会上。不久后，彼利和约瑟芬就订了婚。

1885年，彼利被委派新的任务，为拟议中的横贯尼加拉瓜、连接太平洋和大西洋的运河进行地质勘测。在尼加拉瓜酷热的散发着恶臭的茂密丛林里，彼利的耐力、智谋和领导才干第一次经受了考验，他出色地完成了这项任务。虽然他在美国海军中获得很大成功，但是彼利一直没有放弃他的北极梦。

1886年夏季，彼利告假离开海军，从母亲那里借钱预订了一张开往戈德豪恩的捕鲸船船票，戈德豪恩是丹麦在格陵兰岛附近迪斯科岛上的一小块殖民地。在那儿彼利结识了同样热衷于北极探险的戴恩·克里斯蒂安·迈加德。彼利和迈加德买了雪橇、狗和其他的物资后就急切地向格陵兰岛的冰帽进发。对于彼利的第一次探险，北极给予了友好的接待，他向岛内行进了约160千米，并登上海拔约2293米高的圆锥形冰帽，打破了以往的探险家在格陵兰岛创下的距离和高度纪录。

🔺彼利和约瑟芬的婚纱照

彼利回国后引起了公众的极大关注。他已被短暂的北极探险所吸引。1887年2月，他在给母亲的信中这样写道："我最近的旅行使我在世人面前赢得了声誉和地位……下一个冬季，我将成为首都最高贵的社交圈子里的显要人物……记住，妈妈，我必须获得名誉。"

为探险而狂

彼利目前仍然是美国海军的一名上尉，1887年初，彼利被指派负责尼加拉瓜运河的全部勘测项目。这项工作给彼利带来了一生中最大的也是最幸运的机遇。

彼利在离开华盛顿特区前往尼加拉瓜前夕,为买顶太阳帽而拜访了男子用品商B·H·斯坦梅茨和桑斯,彼利无意间对店主提起他正在物色一个贴身男仆陪同他一起去中美洲。随之店主把他的店员马修·汉森推荐给彼利。

21岁的森给彼利留下了深刻的印象。尽管他很年轻,但是他有着丰富的航海经验和冒险经历,这个人成为了彼利北极探险活动中不可缺少的人物。

1887年底,彼利作为运河勘探的现场领导者,出色地完成了任务。1888年8月,他回到了华盛顿。8月11日,彼利和约瑟芬·迪比奇结婚,之后和新娘在新泽西州度假。然而甜蜜的假期被弗里德耶夫·南森这个名字打断了。南森是一名优秀的挪威探险家,那年夏天,他成功地翻越了格陵兰岛冰帽,完成了彼利渴望完成的功绩。彼利怒气冲天,他认为北极应该是"他的"。此后,彼利的争强好胜发展成为了妒忌和偏激。

↑罗伯特·埃德温·彼利,美国极地探险家,曾多次探险格陵兰,并证明其为第一大岛。

1891年夏天,彼利再次从海军争取到假期并准备返回北极。这次,他将作为一支颇具规模的探险队的领导前往。他得到了很多赞助商的资助,美国地理学会、布鲁克林学会、费城自然科学研究院共同筹集了1万美元的资金,组建了一条装备充足的"风筝"号供探险队使用,同彼利一起航行的还有鸟类学家兰顿·吉布森、地质学家约翰·M·弗尔霍夫、挪威滑雪能手埃温德·阿斯特鲁普、马修·汉森、年轻的纽约内科医生A·弗雷德里克·库克和彼利的妻子约瑟芬。

这次航行对于彼利来说是不幸的,他的腿被"风筝"号的铁质舵柄弄断了。当船到达目的地格陵兰岛西海岸的麦考密克湾时,彼利被捆在一块木板上狼狈地抬上了岸。不久,他在库克医生和妻子的精心照料下,又可以活动自如了。

整个夏秋季节他们都在距萨宾角约128千米的地方建

立他们的大本营。为了春季翻越格陵兰岛的冰帽,彼利派
出了雪橇小组预先沿着向北的路线贮藏物资。

　　漫长的北极黑夜降临在麦考密克湾。彼利的大部分
时间是在借助烛光绘制地图和制订计划。他明智地从北
极峡谷带回一名因纽特人做男仆,还详细地向北极土著人
询问关于狩猎、出行和保暖的方法。汉森和那名因纽特男
仆关系很好,形成了持续数十年的友谊。到春季时,汉森
已经掌握了他们的方法,他在建造圆顶小屋、狩猎和驱赶
狗队方面已经十分熟练。

　　终于,春天来临了。1892 年 5 月 3 日,彼利和阿斯特
鲁普、库克、吉布森一起向北进发,准备越过格陵兰冰帽到
岛的东北角,去那些还没有被探索到的地方。当他们行进
了约 209 千米的时候,到达了洪堡冰川的源头。彼利按照
计划,让库克和吉布森返回营地,而他和阿斯特鲁普继续
探险,它将使彼利跨入最有成就的北极探险家的行列。

　　两人用了 6 周的时间前进了 800 多千米,到达冰帽的
东北边沿,即今天的肯尼迪湾。所带的食品都吃光了,彼
利和阿斯特鲁普不愿继续再往前走了,他们打算在冬天到
来之前就返回营地。返回的途中是非常艰苦的,彼利第一
次真正了解了北极的残酷无情,为了获得充足的食物,他

世界大探险家成功故事

　　在冰山的缝隙中航行。

147

们猎取麝牛，和狗一起分享新鲜的、血淋淋的生麝牛肉。经过800多千米的艰苦跋涉，他们终于在8月底回到了大本营。

然而这支幸运的探险队没能逃脱在北极遭受损失的厄运。年轻的地质学家约翰·弗尔霍夫在一次远足勘测中再也没有返回营地，因此，"风筝"号在返航时少了一名乘客。

彼利回到美国，他比以往更加确信北极就是他的生命。这位为北极而着迷的探险家刚回到祖国就又开始为筹备下一次探险活动制订计划。为了筹集资金他到处巡回演讲，演讲很轰动，总共用了103天的时间进行了165场演讲，每场收入2000美元。从这次巡回演讲获得的基金，足够彼利再租一条船和再次装备一支探险队伍。

1893年7月，彼利搭乘"猎鹰"号和汉森、阿斯特鲁普、怀孕的约瑟芬及9名新的志愿者，再次驶向格陵兰岛。"猎鹰"号载着他们到达鲍多因湾，在那里建立了大本营。彼利打算从这里再次穿越冰帽，对格陵兰岛西北地区进行探险。

9月12日，约瑟芬为彼利生下第一个孩子。他们给她起名叫玛丽·阿尼姑托·彼利，阿尼姑托是因纽特语"雪孩"的意思。这个刚出生的孩子很招他们的喜爱，特别是因纽特人。可是孩子出生不久，他们便遭受一场大难，万圣节前夕，一块巨大的浮冰冲毁了鲍多因冰川附近的冰面，淹没了营地，冲毁了他们的设备，并且卷走了日渐减少的物资。

1894年3月，彼利试图再次跨越冰帽时遇到了北极风暴，气温骤降到零下60℃，他们被迫返回营地。8月，当"猎鹰"号准备回国时，彼利告诉妻子，他将在这里再待一年，只有具备有常人难以具备的勇气才能够做出这样的决定。

1895年4月，在忠实的汉森、6名因纽特人和60条狗的陪同下，彼利开始再一次穿越"伟大冰原"。这次彼利仍没有到达北冰洋，同年6月25日，他们凄惨地回到了鲍多因湾。

1895年，彼利回到美国。他的妈妈

↑玛丽·阿尼姑托·彼利
出生于1893年

↑因纽特人，又叫爱斯基摩人，在格陵兰、阿拉斯加能看到他们。在北极圈生活的蒙古人种的一个集团。在身体上、文化上都适应于北极地区的生活。

写信对他的归来表示欢迎，而且叮嘱他要乐观地看待自己的未来，许多人都曾失败过。

其实这是彼利最不愿意听到的叮嘱。他认为这像是在嘲讽他。尽管这次他从冰原带回了3块大陨石和6个活生生的因纽特人，并因此而获得巨大的收益和知名度，但彼利还是认为自己是冰原冒险的失败者之一，因为他还未曾到达过极点。

每次回来他都在为下一次探险筹备资金，这次也不例外，他希望得到捐助和恳请海军准以长假的繁琐活动又开始了。此时，彼利已年近40，令他惊愕的是，他唯一真正敬畏的探险家，弗里德耶夫·南森，又一次探险于北极地区。

彼利专门为这次探险设计和制造了一艘北极船，取名"向风"号。彼利的"向风"号是专为制服冰原而造。船只是一艘装甲蒸汽船，装有当时工艺水平最高的超强发动机。彼利打算用这艘船抵达格陵兰最北端，并在那里建立一个永久性基地。

彼利似乎认为这是他的最后一次探险，因此以极大的热情进行着准备工作。他还向家人、

🔹彼利和船员们

朋友和支持者表明：这一次他将在北极长期停留，直到抵达极点。如果不能完成这一目标，他就不会回来。

1898年，彼利顺利地获得了财政支持和5年的假期。然而命运似乎又在与他作对，英格兰造船工人的罢工耽搁了"向风"号上最重要的新发动机的安装。而且更令他沮丧的是有消息说挪威人正计划重返北极，他认为这会破坏他的计划。

1898年春，彼利终于可以驾驶他的"向风"号北上了。同年12月，船只被冻牢在凯恩·贝森地区的冰面上，彼利当机立断，弃船而行。他带上汉森和4个因纽特人以及雪橇、小船和100天的食物，直奔北极点。27只狗拖着两架雪橇和小船，在一望无际的冰原上疾驰，企望不久就可大功告成。然而好景不长，他们很快就陷入了由无数冰脊组成的迷宫，一堆堆冰砾布满了冰脊之间的通道，雪橇经常翻

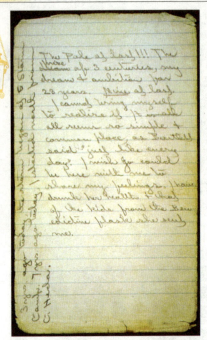

彼利在抵达北极写的日记

车,有时还得抬着它们翻越冰包,有时得帮着狗拉雪橇,所以人都十分疲惫。他们经常在滑行中睡着,他们汗湿的衣服在晚上便被冻凝成冰,犹如铁甲,举手挪步间便毕剥作响,冻硬的袖口在手腕上磨出深深的血口子。更为糟糕的是,他们每天都向前跑几千米,但到晚上对照星图一测量,发现仍在原来的位置上。原来他们像是踏在一个巨大的转磨上,他们拼命地向北跑,而浮冰却不断地向南移,于是他们便成了原地不动。这些一向善于利用自然力的探险家,忽然发现了自然力的伟大和人力的渺小。

5月份,彼利、汉森和一名因纽特人前往格陵兰北海岸,他们成功地穿过了冰冻的罗宾逊海峡,沿格陵兰海岸线一路北上。5月8日,彼利生平第一次来到冰冻的北冰洋上,这也是他实现毕生梦想的最后一道障碍。

1902年4月,彼利、汉森和7个因纽特人一路穿越冰原,到达北纬84°,这是彼利的一个新纪录,但这离北极点仍有632千米的路程。由于身体原因彼利停止了向前推进,他们挣扎着回到大海鳗城堡。8月中旬,彼利探险队踏上了回国的路程。据资料记载彼利似乎已被北极的探险击败了,他在日志中写道:"我16年的梦想结束了……我一直在不懈地抗争,但我无法取得不可能取得的东西。"在航行中,彼利和汉森得知意大利的一支探险队又创造了北进的一个最远点,打破了南森创下的纪录。"下一次我要把所有的这些都砸得粉碎!"彼利咆哮道。

彼利的赞助商已成立了彼利北极俱乐部,准备再次派探险队出发。彼利的女儿已经10岁了,她在一封写给爸爸的信中说道:"亲爱的爸爸……10年了,我总是看着你的照片,我都讨厌看它们了。我要看我爸爸本人,我不想让别人把我看成是没有父亲的孩子。请让这些结束吧。爱你的玛丽。"虽然妻子和女儿百般挽留,彼利还是选择了他的事业。

1903年,彼利的北极探险活动又开始了,这一次,他有了一艘新船,装有蒸汽发动机和撞角的船,这艘船根据西

奥多·罗斯福总统的名字命名为"罗斯福"号,因为总统本人也是彼利的崇拜者和赞助者。

1905 年 7 月 16 日,"罗斯福"号在纽芬兰海军上校鲍伯·巴特利特的指挥下驶离纽约港,这次他们到达了北纬87°以北的地方。彼利看着骨瘦如柴的同行者,命令停止前进。他又创下了新纪录,但距离北极点还有 480 千米的路程。

1908 年 5 月,52 岁的彼利拖着一双冻伤的脚一瘸一拐地四处走动。如今他在朋友和家人面前就像陌生人一样,但他不会就此对北极探险屈服。

6 月份,在一群送行者的呼喊声中,"罗斯福"号再次起航,驶离长岛牡蛎湾的海港。所有人认定这是彼利最后一次冲击北极,很多送行的人觉得这可能是最后一次见到彼利。

与彼利再次同往北极的有汉森、鲍伯·巴特利特上校和负责记录探险的罗斯·马文,还有探险队的医生约翰·古德赛尔,指导体能锻炼的唐纳德·麦克米伦,另外还有运动员乔治·鲍鲁普。

这一次的远行的确与以前有些不同。7 次到达北极圈的探险经历,已留给彼利非常丰富的极地生活经验,甚至可以说他已是北极圈的"常客"了。

进入北极圈后,彼利的老朋友因纽特人为彼利提供了极地使用的毛皮衣服、雪橇、猎狗等,并且自愿帮助彼利去

世界大探险家成功故事

罗伯特·皮尔里和上尉罗伯特·巴特利特,站在船舶上。

寻找北极点。"罗斯福"号的船长巴特利特上校惊讶地说："真没想到，这些因纽特人对你这样肝胆相照。"彼利自豪地回答："曾经和他们一起生活了很长一段时间，所以他们把我当做自己人。要想成功地到达北极点，离不开他们的帮助。"

经过漂满浮冰的北极海域，"罗斯福"号抵达了距离北极点805千米的谢里登角。彼利下令在此建立基地，并做好北进的准备工作。

1909年2月初，此时气温已降到零下50℃，彼利派巴特利特上校带领先遣队开始向北推进，他希望这条生命线能一直延伸到极点。很快，走在后面的彼利一队赶上了前边的先遣队，然后由汉森、巴特利特上校和几个因纽特人重新组成先遣队向北进发。3月31日，巴特利特和汉森抵达北纬87°，这是那时为止人类所到达的最北方。彼利乘着雪橇随后赶到，他很清楚，极地就在前面240千米处。他挑选了与他一起进行最后冲刺的人——汉森和4名因纽特人，而让巴特利特带领大部分人马撤回基地。巴特利特一直渴望到达北极，他在返回时落下了伤心的泪。

🔺在北极，插入国旗

1909年4月5日清晨，彼利停下来，他查看航行表，用六分仪进行了测量。发现他们已到达北纬89°25'。他们在此搭建小屋，宣布就地休息，恢复体力。因为连续几天的突飞猛进，已使他们疲惫不堪了。营房距北极点仅8千米。彼利在营房睡了一会儿，醒来后在日志中写道："北极点已经触手可及，我们就要成功了！"随后，彼利只身一人走完了最后几千米。在北极点上，彼利把夫人预先缝制的美国国旗插在了上面，拍下照片后，剪下国旗的一部分在上面写上："1909年4月6日，抵达北纬90°。彼利。"然后将布片埋进雪里。经过23年的不懈尝试、艰苦努力、失望、艰辛、贫困和这样或那样的痛苦，以及无数次的危险，他终于赢得了地理学上无与伦比的奖赏。300年来，无数优秀的人为此付出了无数的艰辛、生命和金钱，而他首先到达了终点和顶峰。

探险队在北极点度过了胜利的30个小时后，满怀喜悦踏上了归途。9月5日，"罗斯福"号到达拉布拉多半岛的印第安——哈尔波尔，从那里彼利发出了那份著名的电报："星条旗已经插到极地上！"

彼利回到美国后，看到全国一片狂热激动的景象，然而，人们并非在为他欢庆，荣誉属于他的老朋友库克。原来彼利乘"罗斯福"号回国时，库克宣称他在1908年4月经阿克塞尔·海贝尔岛到了北极，这一时间远在彼利之前。人们为此争论得面红耳赤，但后来的证据明显偏向彼利，证明库克是在说谎。库克感到羞愧，被迫找了个愚蠢的借口逃离美国，并在耻辱中度过余生。

历史就是如此，在沿途留下各种各样的疑问让人们去争论，去思考，而它只顾走自己的路。彼利是否真正到达过北极点，直到今天仍是人们激烈争论的问题。但不管怎样，彼利都是历史上最伟大的乘狗拉雪橇旅行的探险家，即便他没有到达北极，但他取得的成就也足以赋予他"最伟大的探险家"这一荣誉。

1920年2月20日，罗伯特·彼利于伦敦逝世。

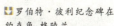
🔼 罗伯特·彼利于1913年，小儿子罗伯特·彼利。

🔼 罗伯特·彼利纪念碑在约克角，格陵兰。

后　记

直到今天，我们在提起北极探险者的名字时，还不得不想起曾经响彻整个美洲的探险家——罗伯特·彼利。他的探险活动，大大加深了人们对北极地理知识的了解，加深了人们对北极多种自然现象的认识。

大事年表

1856 年	5 月 6 日,彼利生于宾夕法尼亚州克雷森。
1877 年	毕业于鲍登学院。
1886 年	多次到格陵兰探险。
1887 年	彼利被指派负责尼加拉瓜运河的全部勘测项目。
1888 年	8 月 11 日,彼利和约瑟芬·迪比奇结婚。
1894 年	曾两次试图到北极。
1893 年	7 月,彼利搭乘"猎鹰"号和汉森、阿斯特鲁普、怀孕的约瑟芬及 9 名新的志愿者,再次驶向格陵兰岛。
1894 年	3 月,他试图再次跨越冰帽时遇到了北极风暴,气温骤降到零下 60° C,他们被迫返回营地。
1895 年	4 月,在忠实的汉森、6 名因纽特人和 60 条狗的陪同下,彼利开始再一次穿越"伟大冰原"。
	同年回到美国。
1909 年	3 月 1 日,从爱尔斯米尔岛的哥伦比亚角乘雪橇出发,4 月 6 日到达北极。
1911 年	以海军少将军衔退役。
1920 年	2 月 20 日,罗伯特·彼利于伦敦逝世。